눈물 속에서 자라난 호정은가

이 도서의 국립중앙도서관 출판시도서목록(CIP)은 e-CIP홈페이지(http://www.nl.go.kr/ecip)에서
이용하실 수 있습니다.

눈물 속에서 자라난 평화
2012년 12월 10일 초판 1쇄 펴냄

엮은이 | 강정마을회
펴낸이 | 김준연
펴낸곳 | 도서출판 단비
등 록 | 2003년 3월 24일 (제2012-000149호)
주 소 | 경기도 고양시 일산서구 하늘마을로 184 현대성우오스타 104동 201호
전 화 | 02-322-0268
팩 스 | 02-322-0271
전자우편 | rainwelcome@hanmail.net

ⓒ 강정마을회, 2012
ISBN 978-89-967987-6-7 03810
값 15,000원

* 이 책의 내용 일부를 재사용하려면 저작권자와 도서출판 단비의 동의가 반드시 필요합니다.
* 책값은 뒤표지에 있습니다.

눈물 속에서 자라난 평화

강정마을회 엮음

단비
danbi

머리말 ▷▷▷

모두가 하나의 '마을'이 되기를

고권일 제주해군기지 반대 강정마을 대책위원장

요즘 '공동체'라는 말을 참 많이 씁니다. 지역 공동체, 생활 공동체, 언어 공동체, 국가 공동체, 민족 공동체……. 그런데 저는 공동체라는 말보다 '마을'이라는 말을 더 좋아합니다. 이웃과 오순도순 살면서 특별한 일이 없어도 이웃을 불러다 밥을 같이 먹을 수도 있고 때론 술도 한 잔 기울일 수 있는 그런 곳에서 살았고, 그런 것이 당연하다고 생각하며 살아가는 곳이 바로 '마을'이기 때문입니다.

그러나 세상의 흐름은 너무도 빠르게 변해 마을의 색이 달라져 갔습니다. 크고 굵직한 시대적 위기도 많았지만 그래도 마을이라는 본질을 깨부수지는 못했습니다. 하지만 물질문명이 불러일으킨 개발의 광풍은 국토를 신음에 잠기게 하는 것은 물론 사람과 사람들의 사이를 멀게 만들어 버렸습니다. 또한 돈이면 무슨 짓을 하더라도 양심의

가책을 느끼지 못하게 만들고 있습니다.

전쟁이나 자연재해보다 무서운 것이 물질을 기초로 모든 인간의 노력을 재화로 연결시키는 자본주의의 폐해일 것입니다. 사람의 근본을 바꾸어 놓으니까요. 아마도 강정마을에 해군기지 문제가 발생한 것도 이웃과 함께하는 소박하고 정겨운 삶보다는 자신만을 위한 소유욕이 당연하게 우선되는 물질문명의 시대상황 때문이 아닐까 싶습니다.

해군기지 때문에 마을 공동체가 파괴되었다는 말을 자주 하곤 하지만 해군기지가 아니었어도 저 자신부터 물질문명에 찌들어 이웃하여 살아온 어르신들의 이야기에 참 소홀했구나 하는 아쉬움이 새삼 떠오르곤 했습니다.

공동체라는 단어에 내포된 사전적 의미나 공동체에 대한 학술적 개념 정리들은 어쩌면 부차적인 것에 불과한 것이 아닐까요? 그보다는 적어도 이 마을에 사신 어르신들이 어떻게 사셨고 무엇을 가장 소망하며 사시는지, 또 그보다 앞서서 이 땅을 기반으로 사셨던 분들의 이야기가 얼마나 잘 전해지고 있는지가 더 중요한 것이 아닐까요?

조상들의 이야기가 잘 전해지지 않는다면, 또 그 이야기를 통해 우리가 우리의 삶을 재조명할 수 없다면, 단지 한 장소에 모여 산다는 이유 하나로 공동체가 될 수는 없을 것입니다.

강정마을이 강정동이나 강정리로 불리지 않는 것이 저는 얼마나 좋은지 모릅니다. 마을이라는 단어가 주는 어감 때문입니다. 강정이라는 글귀보다는 마을이라는 글귀에서 받는 포근한 정감 때문에 강정마을에 한 분이라도 더 오시는 것이 아닐까 생각해봅니다.

말장난 같지만 마을이라는 말은 왠지 '마눌'이라는 말과 닮았습니다. 그리고 '하눌'이라는 말이 가깝게 연상되죠. 그리고 우리가 쓰는 언어인 말이라는 글귀를 길게 늘여 쓴 것 같기도 합니다. 또는 이 모든 것이 하나로 연결되는 느낌도 들지요.

마을이란 말은 우리 조상들이 모여 살면서 가장 먼저 만들어낸 말 같기도 합니다. 같은 말을 쓰며 서방과 마눌이 되고 새 생명을 만들어 한울 즉 하눌이 되는 곳, 이런 곳이 마을일 것입니다.

이웃 간에 숟가락이 몇인지 안다는 말의 의미는 그 집안의 대소사는 물론 소소한 것까지 서로 챙겨주고 보듬어주는 관계라는 뜻입니다. 그러한 일상을 통해 살아왔던 모든 경험이 전해지고 이어지는 곳이 바로 마을이란 장소가 아닐까요?

《눈물 속에서 자라난 평화》를 보면서 가까이 알고 지냈던 동네 어르신의 속 깊은 이야기를 접하게 되었음을 너무도 감사하게 생각합니다. 읽으면서 몇 번이나 울었는지 모릅니다. 그분들의 인생을 알게 됨으로써 이제야 진정으로 하나의 마을이 되고, 제가 그 한 명의 성원이 되는 감동을 받게 됩니다.

이 책을 계기로 서로가 서로를 더 품고 서로가 서로를 더 아끼며 서로 서로 나누며 사는 마을이 되었으면 하는 바람입니다. 그러한 삶이 실현된다면 해군기지 문제는 저절로 해결되지 않을까요?

함께하는 모든 지킴이들도 이제 강정마을의 성원이 되고 그렇게 강

정마을이 자꾸만 자꾸만 커져서 그 마음과 생각이 번져나가 제주도가, 한반도가, 전세계가 하나의 마을이 되었으면 좋겠다는 생각을 해봅니다.

  이렇게 좋은 이야기를 모아서 꾸며주신 작가님들께 진심으로 감사드리며 이 기획을 성사시켜주신 모든 분들께 다시 한 번 고맙다는 말씀을 드립니다.

2012년 11월
고권일

차례 ▷▷▷

머리말 | 모두가 하나의 '마을'이 되기를 _ 고권일
4

오빤 강정 스타일 _ **강부언** · 정찬일
10

그날의 어두웠던 아픔 _ **강성원** · 양혜영
24

당팟 감귤나무도 푸르게, 통물질 배추도 푸르게 _ **고병현** · 조정
38

질긴 놈이 이기는 거 아닙니까? _ **고영진** · 이종형
54

우리 바당 지키자는 것, 이런 것도 죄가 되나요? _ **김미량** · 허영선
68

강정에서 농사지으며 살고 싶습니다 _ **김봉규** · 김영란
88

들꽃의 노래를 들어라 _ **들꽃** · 조미영
104

인간의 기술이 아무리 좋아도 자연 앞에선 무력하다 _ **양홍찬** · 김경훈
118

구럼비의 바우덕이 _ **이영자** · 한진오
134

묵주알 속의 평화 _ **이영찬 신부** · 김진숙
150

미소천사 정영희, 욕쟁이가 된 사연 _ **정영희** · 김영숙
164

끝나지 않은 이야기 _ **조병태** · 현택훈
178

4·3은 역사다. 그리고 또 하나의 4·3, 강정 해군기지 _ **조용훈** · 김영미
188

엉킨 실은 풀어야 쓴다 _ **윤경노** · 최연미
204

발문 | 4·3이 평화라면 강정은 희망입니다 _ 김수열
224

강부언

오빤 강정 스타일

글 ▷ 정찬일

강정의 칸나, 칸나

한여름, 강부언씨를 인터뷰하기로 약속한 시간보다 빨리 강정에 도착했다. 그리곤 이곳저곳 강정 골목을 기웃거리며 시간을 보냈다. 태풍 볼라벤의 영향 탓이었을까. 골목들은 어수선했고, 태풍으로 상처 입은 나무와 꽃들이 먼저 눈에 들어왔다. 태풍은 사람들에게도 많은 피해를 주고 갔지만, 나무와 꽃 같은 자연에 더 큰 상처를 남겨두고 갔다.

골목을 빠져나와 큰길가로 걸음을 옮겼다. 멀리 시멘트 담벼락 아래에 피어 있는 붉은 칸나 몇 송이가 눈에 들어왔다. 알 수 없는 강한 자기장이 내 발길을 잡아당겼다. 몇 포기의 칸나는 서 있었고, 한 포기의 칸나 줄기는 아랫동아리가 꺾인 채 누워 있었다. 인터뷰 약속 시간이 다 되도록 한참 동안이나 쪼그리고 앉아 칸나 꽃을 내려다보았다. 밑동이 꺾인 칸나의 줄기 끝에도 강렬한 붉은 빛깔의 꽃이 피어 있었기 때문이다.

꽃은 그 식물의 자궁이라는 한 화가의 말이 문득 떠올랐다. 꺾인 줄기 끝에 피어 있는 칸나의 꽃 안을 들여다보았다. 칸나의 자궁 안이 다 보였다. 그곳은 푸르고 건강했다. 태풍조차 칸나의 줄기는 꺾어도 그 생명력은 꺾을 수 없었나 보다. 얼마 안 있어 가을빛이 내리면 꺾인 줄기 끝에 핀 칸나의 자궁 안에서도 새로운 생명이 까맣게 익어갈 것이다. 나는 밑동이 꺾인 칸나를 '강정의 칸나'라고 이름 붙여주었다. 그러곤 서둘러 자리에서 일어났다. 어느새 인터뷰 시간이 다 되었기 때문이다.

먹기에 좋은 말랑말랑한 추억

강부언씨는 나를 만나자마자 자신은 해군기지의 내막을 깊이 알지는 못한다는 전제를 먼저 달았다. 그때까지 나는 이름 석 자와 대략적인 나이를 빼면 강부언씨에 대한 정보를 하나도 가지고 있지 않았다. 조그마한 체구에 얼굴이 햇볕에 검게 그을려 있었고, 커다란 눈이 인상적이었다. 인터뷰 도중에 안 사실이지만 강부언씨는 한쪽 눈의 시력을 이미 오래전에 잃었다고 했다. 어릴 적, 그러니까 열한 살 때부터 한쪽 눈이 잘 보이지 않았다고 한다. 그래서 장애인등급 3급 판정을 받았다고 한다.

강정에 대한 어릴 적 추억을 물었다. 해군기지에 관한 인터뷰라고 알고 왔는데 어릴 적 추억에 대해 물으니 잠시 생각에 잠기는 듯했다. 하지만 곧바로 말문을 열었다. 할 말도, 어릴 적 추억도 많았나 보다. 익숙하기도 하고 낯설기도 한 많은 물고기의 이름들이 강부언씨의 입에서 나왔다. 어렝이, 코셍이(놀래기), 멕진다리, 우럭, 보들레기, 덤부지(덤불치, 덤불래기)를 아느냐고……. 이야기는 자연스럽게 구럼비 바닷가(구럼비라 불리는 까마귀쪽나무가 주변에 많이 자생해서 붙은 이름이다. '바닷가에 아홉 채의 초가로 된 작은 절이 있었다' 하여 구암비, 구럼비라 칭했다는 설도 있다)로 이어졌다.

"지금 해군기지를 건설하고 있는 구럼비 바닷가는 저의 어릴 적 추억이 많이 깃든 곳입니다. 가끔 해군기지 일로 해서 강정천 하구에 있는 멧부리 바닷가에 가곤 합니다. 그곳에 가서 공사장 출입을 막기 위해 높다랗게 설치한 철책을 보면 가슴이 먹먹합니다. 체한 것같이 가슴이 답답합니다. 폭파하고 콘크리트로 덮어 해군기지를 만드는 구럼비 바닷가는 저와 친구들의 추억이 깃든 소중하고 특별한 공간입니다.

해군기지를 찬성하는 사람들 중에는 저희 마을에 있는 구럼비 바위가 제주 해안가 어디에서나 볼 수 있는 현무암 덩어리이기 때문에 특별하거나 가치가 없는 것으로 치부하는 사람들이 있곤 합니다. 하지만 저는 그렇게 말을 하는 분들에게 되묻고 싶습니다. 다른 것과 꼭 차별성이 있어야만 소중한 것이 됩니까? 제주의 어느 바닷가에서 흔히 볼 수 있다고 해서 소중하지 않다는 말을 이해할 수가 없습니다. 제주 어느 바닷가에서든지 다 볼 수가 있어도 그 모두가 소중한 것이

될 수 있기 때문입니다.

저는 구럼비 바위 위에서 많은 유년의 시간을 보냈습니다. 다른 사람의 눈에는 지극히 평범한 바위로 보일지 모르지만 그곳은 제 유년의 시간이 깊이 새겨진 곳입니다. 변변치 않은 대나무 낚싯대로 구럼비 바위 위에서 친구들과 낚시를 하곤 했습니다. 낚시에 걸려 올라오는 고기들은 고작해야 손바닥만 한 것들이었지요. 여름이라도 되면 햇볕에 달구어진 바위 때문에 발바닥이 벌겋게 화상을 입는 일도 잦았습니다. 하지만 서로 몇 마리 잡았느냐며 경쟁을 하다 보면 발바닥에 화상을 입는지도 몰랐죠.

그때 함께 시간을 보냈던 친구들의 대부분이 고향을 떠나지 않고 지금도 강정에 살고 있습니다. 나이가 들수록 어릴 적 생각이 자주 나곤 합니다. 저희의 어릴 적 시간들이 고스란히 배어 있는 그곳에 해군 기지가 건설되고 있어서 그런지는 모릅니다. 제 어릴 적 추억이 깃든 구럼비 바위가 콘크리트로 덮인다는 생각을 하면 끔찍합니다. 어릴 적 시간들이 철근과 딱딱한 콘크리트로 덮이는 것 같아요.

이젠 그곳에 갈 수도 없습니다. 갈 수 없다면 어쩔 수 없겠지만 문득문득 제 어릴 적 추억들이 자꾸만 훼손되는 것 같아 안타깝습니다. 안타깝다는 말로는 다 표현이 안 되고 가슴에 통증을 느낍니다."

추억의 장소만이 아니라 추억 자체가 훼손된다는 말이 가슴 깊숙이 와 닿았다. 강부언씨의 말씀을 들으면서 추억은 일종의 만남일 것이라는 생각이 들었다. '지금의 나'와 '과거의 나'가 만나던 구럼비 바위, 먹기 좋은 말랑말랑한 추억의 장소인 구럼비 바위. 구럼비 바위에 관한

애기를 하는 내내 강부언씨의 얼굴에 짙은 아쉬움이 묻어났다. 해군기지 건설에 대한 애기를 해달라고 했다. 잠시 침묵이 흘렀다.

없는 듯이 살아온 세월인데

긴 한숨 끝에 강부언씨가 조심스럽게 입을 열었다. 긴 한숨 소리 자체에도 많은 이야기가 담겨 있는 듯 보였다.

"저가 격렬하게 해군기지 건설을 방해하는 것을 보고 사람들이 깜짝 놀랍니다. 저 사람이 저럴 사람이 아닌데, 없는 듯이 살던 사람이 변했다고 말들을 합니다. 저는 칠십 평생을 이 동네에 살면서 없는 듯이 살아왔습니다. 해군기지 건설로 갈등이 생기기 전까지 저는 그렇게 살아온 사람입니다. 마을 어느 사람에게 물어봐도 다 그렇게 얘기를 할 것입니다.

그런 저가 업무방해라는 이유로 네 번이나 재판을 받았습니다. 이제 다섯 번째 재판을 앞두고 있습니다. 이번의 죄과는 폭력이라고 합니다. 이제는 사이렌 소리만 들려도 가슴이 뛰고 불안합니다. 병원에서 우울증에 걸렸다는 진단을 내렸습니다. 그래서 지금 우울증 약을 복용하고 있습니다.

해군기지를 생각하면 제일 먼저 섭섭한 기분이 듭니다. 정부에서 해군기지 문제로 온 마을이 파탄이 나고 있는데도 관계자가 단 한 번도 찾아오지 않았습니다. 저는 무엇보다도 그게 섭섭합니다. 정부는 이 강정에 사는 사람들을 아예 사람으로 취급을 하고 있지 않다는 생각을 가지고 있습니다.

저는 아는 게 없습니다. 일본에서 돌아온 뒤에 국민학교에 다니다가 시력이 갑자기 나빠지기 시작했습니다. 결국 시력 때문에 학교도 그만둘 수밖에 없었습니다. 하지만 배우지 못했어도 정부가 국민을 위해 존재한다는 것쯤은 알고 있습니다. 선거 때만 되면 다 그렇게 말하지 않습니까? 강정에 사는 사람들은 이 나라의 국민이 아닙니까? 왜 한 번쯤 찾아와서 이곳 사람들의 얘기를 직접 듣지 않습니까? 저는 그게 섭섭한 것입니다. 서로 대화를 통해서 얘기를 나누어야 하는데 그렇게 하지 않습니다.

조금 전에 말했지만 사이렌 소리만 들리면 불안하고 가슴이 내려앉고 퉁탕퉁탕 뜁니다. 이게 어디 사람이 사는 곳이라고 말할 수 있겠습니까? 저는 정부가 지금 자신의 일을 다 하고 있지 않다고 보고 있습니다. 직무유기를 하고 있다고 생각합니다. 정부가 자신의 일을 다 하고 있지 않다면 정부는 이미 정부로서의 권리가 없다고 보아야 합니다. 정부가 정당한 강정마을 사람들의 권리를 지켜주지 못하고 있기 때문입니다. 제가 네 번이나 재판을 받았습니다. 모두 업무방해로 말입니다. 저는 지금도 이해를 할 수 없습니다. 이 업무방해가 무엇 때문에 발생한 것입니까? 정부가 저희들에게 와서 얘기를 듣지 않음으로 해서 발생한 것입니다. 그래서 지금의 갈등이 생겨난 것입니다.

지금은 강정이 갈등의 한복판에 있지만 해군기지로 인해 갈등이 생기기 전의 강정은 순수함과 소박함이 살아 있던 촌마을이었습니다. 집안에 작은 일이라도 있으면 변변찮은 음식이라도 이웃과 서로 나누던 정 많은 마을이었습니다. 이제 이웃 간의 나눔은 다 사라졌습니다. 심지어는 형제간의 우애도 다 금이 간 상태입니다. 해군기지의 갈등이 사람들의 모습을 다 바꾸어 놓았습니다.

강정이라는 마을은 염치가 있던 마을이었습니다. 체면을 차릴 줄도 알고 부끄러움도 아는 마을이었습니다. 사람이면 염치가 있어야 합니다. 그런데 자랑스럽게 여겨야 할 염치를 정부가 이용하고 있는 것 같습니다. 아니, 해군이 이용을 하는 것 같습니다.

전 마을 노인회장이 강정마을에 해군기지가 들어서는 것을 덜컥 찬성한 일이 있었습니다. 마을 노인회장이면 마을의 제일 큰 어르신이고, 마을에 갈등이 생기면 조언을 해줄 위치에 있는 분입니다. 그런데 한 개인이 아닌 노인회장의 입장에서 해군기지 건설에 찬성을 했습니다. 아마 해군에서 여행도 보내주고, 막걸리도 대접을 한 모양입니다. 아마도 그동안 대접을 받았기 때문에 어쩔 수 없이, 염치 때문에 찬성을 한 것이라고 보고 있습니다. 그렇게 믿고 싶습니다. 그 일로 인해서 노인회장은 교체되었습니다. 참으로 안타까운 일입니다.

우리는 항상 결과보다는 그 과정이 중요하다고 들어왔고 또 그렇게 살아왔습니다. 해군기지로 인해서 갈등이 생겼다면 당사자 간에 충분한 대화가 있어야 합니다. 대화를 통해서 가장 좋은 방법을 찾아야 합니다. 자꾸 말이 반복되지만 한 번도 정부에서 저희 마을에 찾아와서 대화를 하지 않았습니다. 저희 같은 평범한 사람도 어떤 일을 하려면 남에게 피해를 주는지, 그 일이 법에 어긋나지 않는지를 생각하고 난 연후에야 비로소 일을 처리합니다.

들어서 다 알고 있겠지만 전 마을회장이 정당한 과정을 거치지 않고 해군기지 건설에 찬성 결정을 내렸습니다. 단지 마을사람 87명만 모아놓고 중요한 마을의 일을 독단적으로 결정해버린 것입니다. 기다렸다는 듯이 그 불법적인 것을 정당성의 기초로 해서 정부는 해군기지 건설을 시작했습니다.

그러니 해군기지의 건설은 정당성도 없고 제주말로 '파분'을 해서 다시 처음부터 시작해야 합니다. 옳지 않은 것에 기초를 두고 해군기지를 만든들 그게 올바른 방향으로 나갈 수 있겠습니까? 모래 위에 기지를 세우는 것과 같습니다. 지금도 늦지 않았다고 생각을 합니다. 정부에서 강정마을 사람들을 만나야 합니다. 언제까지 강정마을 사람들

을 사람 취급을 안 할 것인지 궁금합니다. 제가 열심히 해군기지 일이라면 발 벗고 나서는 것도 따지고 보면 강정마을 사람들을 사람 취급 안 하는 정부의 태도 때문입니다.

저에게도 다 장성한 아들 둘이 있습니다. 이제는 제발 해군기지 일에 앞서서 나서지 말라고 신신당부를 합니다. 저는 해군기지 건설이 갖는 의미가 무엇인지 그 깊은 내막을 다 알지는 못합니다. 하지만 칠십 평생을, 속된 말로 쥐구멍에서 산 것처럼 조용히 살아왔지만 옳고 그름의 판단은 내릴 수가 있습니다.

정부가 강정마을 사람들을 사람으로 취급을 하고 정당한 과정을 거쳐서 일을 진행시켜야 합니다. 많은 강정마을 사람들의 말에 귀를 기울여야 합니다. 저도 좋아서 해군기지 건설에 반대를 하는 게 아닙니다. 반대를 위한 반대를 하는 게 아닙니다. 저는 농사를 짓고 있습니다. 온몸이 땀에 젖지 않으면 할 수가 없는 게 농사일입니다. 지금도 과수원은 저의 수없는 손길을 기다리고 있습니다. 그리고 아내도 지병이 있어서 저의 손길을 기다리고 있습니다. 저뿐만 아니라 강정마을 전체가 하루 빨리 해군기지의 갈등이 풀려서 이전의 강정마을로 되돌아가기를 손꼽아 기다리고 있습니다."

강부언씨는 해군기지 건설이라는 갈등을 통해 섭섭함도 많이 느꼈지만 고마운 감정도 많이 갖게 되었다고 말했다. 자신들을 도와주는 사람들을 보면서 사람 사는 세상이 어떤 곳인지 새롭게 눈을 떴다고 했다.

"해군기지 건설 반대를 통해 느낀 게 많습니다. 이 일을 저희 마을 사람들만의 힘으로 해결하려고 노력했다면 진작 포기를 했을지도 모릅니다. 저희 마을사람들에게 힘을 실어주고 있는 분들의 모습들을 보면서 큰 힘과 용기를 갖게 됩니다. 강정에 세워지고 있는 해군기지는 강정마을만의 일은 아니라고 생각을 합니다. 하지만 갈수록 참여하는 사람들이 숫자가 적어지는 것을 보면 위기감이 듭니다. 하지만 그럴수록 더욱 힘을 냅니다.

앞으로 마을의 젊은 사람들이 좀 더 많이 참여를 하면 좋겠습니다. 강정의 젊은 사람들이 해군기지 건설을 찬성한다는 말이 아닙니다. 많은 청년들이 해군기지 건설을 반대하고는 있습니다. 이제 그것을 겉으로 표현을 해주었으면 합니다. 앞으로 그렇게 할 것이라는 희망을 버리지 않고 있습니다. 자신의 일처럼 저희 마을에 오셔서 도움을 주는 분들에게 다시 한 번 감사하다는 말씀을 드립니다."

강정천을 거슬러 오르는 은어처럼

　인터뷰를 마치고 강부언씨는 급히 어디를 가야 한다며 마을회관을 빠져나갔다. 오늘 강정천 하구에 있는 멧부리 바닷가에서 마을을 위한 제祭를 지낸다고 했다.
　강정천까지 모셔다 드리고 집으로 가다가 차를 돌려 세웠다. 마을을 위한 제를 보고 싶어서였고, 사람들 속의 강부언씨를 직접 보고 싶어서이기도 했다. 해군기지 건설로 인한 갈등의 한복판에 서 있는 모습을 보고 싶었던 것이다.
　태풍이 지나간 지 얼마 안 되어서인지 강정천의 수량은 풍부했고, 물은 맑았다. 강정천 곁으로 난 오솔길로 들어섰다. 민물과 바닷물이 만나는 강정천 하구에 몇몇 사람의 모습이 눈에 들어왔다. 마을 사람들이 마을제를 올리기 위한 준비를 하고 있었다. 커다란 철책으로 가로막혀 구럼비 바닷가는 보이지 않았다.
　옅은 감청색의 바다는 맑고 잔잔했다. 그 바다 위로 지난 볼라벤 태풍으로 파손된 콘크리트 구조물인 케이슨 세 개가 모서리를 아슬아슬하게 걸치고 있었다. 케이슨은 제주해군기지 공사를 위해 강정 앞바다에 투하된 아파트 8층 높이에 한 개당 무게만 무려 8,800톤이 나가는 거대한 콘크리트 구조물이다.

　멀리 강부언씨의 모습이 보였다. 사람들의 무리와 떨어져 철책 곁으로 뭐라고 소리치며 다가가고 있었다. 멀어서 무슨 말인지 알아들을 수가 없었다. 마을사람들은 위험하다며 돌아오라고 소리를 질렀다. 하지만 강부언씨는 계속해서 철책 쪽으로 손을 내흔들며 다가갔다. 거대하게 높게 솟은 철책 때문인지, 아니면 오후의 햇빛 때문인지 강부언씨의 모습이 너무 작아 보였다. 하지만 그 뒷모습은 강단 있어 보였다. 강정천을 거슬러 오르는 은어銀魚의 모습이었다.

　어쩌면 지금 강부언씨의 귀에는 어릴 적에 들었던 강정천의 맑고 투명한 물소리가 선명히 들리고 있는지도 모른다. 얕은 개울가에 쏟아져 내리던 투명한 햇살을 되쏘던 그 맑은 강정천의 물소리, 지워지고 있는 맑은 강정천의 기억을 되살리고 있는 것이다. 구럼비 바위를 뛰어놀던 유년의 모습을 찾아, 말랑말랑한 유년의 물소리를 찾아 은어떼처럼 강정천을 거슬러 오르고 있는 것이다. 높은 철책에 더욱 가까이 다가갈수록 그 물소리가 더욱 뚜렷해지고 있을 것이다. 높은 철책 아래에서 자꾸만 주먹을 내지르며 뭐라 소리치고 있는 강부언씨의 뒷모습 위로 강정천을 거슬러 오르는 수많은 은어떼의 어린魚鱗이 겹쳐 보였다. 9월 오후, 멧부리 바닷가의 햇볕이 유난히 따가웠다.

江汀, 가다
— 몸을 뚫고 지나가는 것들

강정 간다.
江 큰내, 汀 물가
江汀, 간다.

골목길을 걸으며 태풍으로 생채기가 난 강정의 나무들을 바라다본다. 감나무, 은행나무, 느티나무. 골목길에서 생채기 난 나무들을 바라다본다. 멀구슬나무, 대추나무, 배롱나무. 걸음을 멈추고 생채기보다 더 큰 상처를 가진 강정의 나무들을 바라다본다. 등나무, 삼동나무, 천선과나무. 상처를 입어 하얀 속살 다 드러낸 강정의 나무들을 바라본다. 팽나무, 벚나무, 찔레나무. 나무의 상처에 손바닥을 가만히 갖다 댄다.

몸을 뚫고 지나가는,
어린魚鱗 같은 젖은 눈빛들.

정찬일

1964년 전북 익산에서 출생했다. 1998년 《현대문학》으로 시, 2005년 문화일보 신춘문예 소설로 등단했다. 2002년 제2회 평사리문학대상(소설 부문)을 수상했으며, 시집으로 《죽음은 가볍다》가 있다.

강성원

그날의 어두웠던 아픔

글 ▷ 양혜영

　기상관측 이래 가장 무더웠던 여름 한낮, 가만히 서 있어도 구슬땀이 주르륵 흘러내리는 오후에 찾은 강정의 바다는 태풍의 눈에 갇힌 호수처럼 적요했다. 섬의 삶이란 사시사철 바람에서 자유로울 수 없는 것이지만, 여름이면 언제 찾아올지 모르는 태풍의 존재 때문에 제주의 여름은 바람 앞 촛불처럼 위태롭고 불안할 수밖에 없다.
　지금의 강정이 그렇다. 어느 하루인들 편안히 등을 펴고 누워 쉴 수 있는 시간이 있을까? 예고 없이 울려대는 발파음, 고막을 뒤흔드는 사이렌 소리, 끊임없이 부딪치는 진압대의 함성에 강정의 삶은 나날이 피폐해져 가고 있다.
　60여 년 전, 제주 전역을 '4·3'이란 광풍이 몰아칠 적이 이러했다고 한다. 제주 전역을 붉은 피로 물들이고 인근 동리의 씨족을 멸할 정도로 세차게 몰아쳤던 4·3 그때가 말이다.

하지만, 그 일이 다시금 되풀이될 것이라고는 누구도 예상치 못했다. 반세기를 훌쩍 지나 강정에서 다시 거센 바람이 되어 몰아치는 해군기지 건설 문제. 4·3을 겪었던 어르신으로서 그때를 생각하는 것이 어떤 의미일지 들어보고자 강정에 사는 강성원 선생님을 만나러 갔다.

양혜영　안녕하세요? 바쁘실 텐데 이렇게 인터뷰에 응해주셔서 감사합니다. 오늘 선생님께 강정에서 있었던 4·3 이야기를 들으러 왔습니다. 떠올리기 싫은 기억이시겠지만 이야기해주시면 감사하겠습니다. 먼저 간단하게 자신을 소개해주세요.

강성원　"네. 저는 1932년 3월 10일에 서귀포시 강정동 4445-1에서 태어나 지금껏 그곳에 살고 있는 강성원입니다."

양혜영　1932년생이시면? 4·3이 발생했던 당시에 나이가 몇 살쯤이었나요?

강성원　"4·3이 일어난 1948년 무렵에 내가 국민학교 6학년을 다니고 있었는데, 16살이었어요. 당시에 강정에 국민학교가 없어서 한문서당을 4년 다니다가 도순국민학교에 들어가서, 도순국민학교 1회로 졸업을 하게 됐지요."

양혜영　당시 주변 상황을 기억나시는 대로 조금 자세하게 설명해주실 수 있겠습니까?

강성원 "당시 상황이야 아직도 생생하지요. 아마 죽는 날까지도 그때의 기억들은 희미해지지 않을 것 같아요. 어떻게 그때 일을 잊어버릴 수가 있겠어요.

그런데, 제주도 4·3을 이야기하려면 먼저 이전 상황인 2차 세계대전 이야기를 말해야 돼요. 1945년 8월 15일에 일본에 원자탄이 떨어지면서 일본 천황이 항복을 해서 해방이 되었는데, 당시에 어떤 일이 있었냐면 제주도에 마지막 방어기지를 구축하는 중이었지요.

국민학교 6학년 때니까 상황은 다 알고 있었지만 뭐 어떤 활동도 하지 못하고 있었지요. 당시 제주도의 인구가 26만이었는데, 일본 놈이 7만5천이란 병력을 주둔시켰어요. 그게 결7호 작전이었는데, 미국과의 최후 방어기지를 구축한 거라고요.

당시 3개월 동안 아버지 대신 징용을 다녀왔어요. 아버지는 밭 갈고 일을 해야 했기 때문에 시설대 대장에게 사정을 이야기해서 아버지 대신 근무를 했지요.

1945년 해방이 되었는데, 아직 우리나라 정부가 세워지지 않아서 미군정청 아래 있었지요. 당시 일본군을 모두 해산시켰는데, 일본군들이 한 번에 다 돌아가지 못하니까 한라산에 있던 기마부대를 비롯한 일본군들이 용천수가 많이 나는 강정천까지 수백 마리의 말을 데리고 내려왔지요. 그때 우리가 직접 본 게 일본군 별 2개짜리 사단장이 할복자살을 하고, 말들은 주사약을 넣어서 다 죽였어요. 그렇게 한 6, 7개월 동안 일본 패잔병들이 일본으로 돌아갈 준비를 하면서 강정에서 지냈지요.

그 뒤 1946년도엔가 모슬포에 국방경비대 9연대가 창설이 되더라고요. 9연대는 일본군에 있던 한국 군인 3천 명으로 창설됐는데, 일본군에 있을 때의 계급이 그대로 이어지고, 일본 군복과 무기도 그대로 전수되었어요. 일본군이 한라산에 있을 때는 군수품 공장을 거기에 만들어뒀다고 해요. 그곳에서 수류탄을 비롯해 무기를 만들고 항복하기 4, 5년 전까지 그 산에서 전쟁준비를 한 거죠.

9연대가 창설이 되니까 남로당 계열 정보원들이 사람들을 포섭하기 위해 제주도로 많이 내려와서 9연대에 많이 들어갔어요. 그러면서 주로 병력을 이동하고 차를 움직일 수 있는 중위 이상의 계급들을 많이 포섭했어요.

그러고는 1948년 4월 3일 밤 일시에 제주도 전역에 있던 12개 경찰지서를 동시에 습격해서 불태워 버려서 경찰들은 모두 도망가고 그 후 1년 동안을 낮에는 한민당, 밤에는 남로당인 세월을 보내게 된 거죠.

주민들은 계속적으로 곡식과 고기 등을 강탈당했는데, 당시 제일 어려웠던 게 소금이었어요. 소금이 귀해서 개인 집에는 별로 없던 시대였는데, 강정에 전복을 건조해서 일본에 수출하는 사람이 있어서 그 사람 집에는 소금이 여러 가마 있었거든요. 그래서 그 집에 들어가 강제로 소금을 죄다 빼앗아 가버렸지요."

양혜영 제주도 전역 4·3의 피바람이 휩쓸고 가지 않은 곳이 없지만 강정마을도 피해가 컸다고 알고 있는데, 강정마을의 피해에 대해 좀 더 구체적으로 말씀해주세요.

그 순간, 강성원 선생님의 표정이 잠시 어두워졌다. 짙은 음영이 드리워진 얼굴을 보며 아직도 그날의 아픔이 잊히지 않았음을 마음으로 느낄 수 있었다. 잠시 숨을 고르고 먼 곳을 향하던 강성원 선생님의 입술이 천천히 열리기 시작했다.

강성원 "4·3이 일어난 해 11월 16일, 군인 2대 병력 정도가 갑자기 들어와 바닷가에서부터 강정포구 전체를 포위했어요. 군인들이 몰려오자 사람들은 논으로 밭으로 피신을 했었는데, 도망갔던 그 사람들을 비롯해 마을사람 모두를 국민학교 운동장에 모이라고 했지요. 그게 정오 무렵부터 시작해서 한 다섯 시간쯤 걸렸어요. 한 명도 빠짐없이 죄다 국민학교 교정에 모아 포위하고는 명단을 호명하더군요.

호명하는 사람들을 가만히 보니 20세 이상 50세 아래 병신이 아닌 남자들은 죄다 부르는 것 같더군요. 그전에 무슨 일이 있었냐면, 당시 왜정 때 농사를 지으면 수확물의 50%를 공출해 가서 한 사람이 벌어 한 명이 먹고살기조차 힘든 시기였어요. 그래서 공출을 안 하고 살 수 있다고 남로당원이 선전하면서 돌아다니며 도장을 받아간 게 있었는데, 먹고살기 힘든 시기에 공출을 안 당할 수 있다니 병신이 아닌 사람들은 죄다 도장을 찍었는데, 그게 살인명부가 된 거지요. 그렇게 1차로 15명가량을 차출해 죽이고 다음에 32명을 죽이고 3차로 당동산에서 죽였지요.

그때 경찰 앞잡이가 한 사람 있었는데, 그 사람 말 한마디면 사람 목숨이 왔다갔다했어요. 애인이 동거를 거부하자 사람들 앞에서 공개

처형을 시키기도 했으니까요.

그렇게 80여 명이 죽었고, 많은 사람들이 행방불명이 되었지요. 근거가 없어서 사망신고도 못하고 지금까지 그렇게 생사를 확인 못하고 행방불명이 된 사람들이 많이 있어요.

처형당한 사람 중에 남로당원들은 진작 피신해 없었고, 실제 남로당에 가입한 사람들의 집엔 죄다 불을 질러 그 식구들은 물론 처가까지 불태워진 다음이었으니 강정에서 죽음을 당한 사람들은 남로당이 뭔지도 모르는 일반 주민들이었지요.

참으로 어둡고 무서운 시기였어요. 낮 동안은 군인들이 폭도들을 색출한다고 들이닥쳐 죽이고, 밤이면 산사람들이 내려와 소, 돼지, 곡식이나 소금을 안 준다고 죽였으니 말이에요.

그렇게 1차, 2차, 3차 학살이 다 지나가고 48년 12월에 4·3이 진압되고 나자 성담을 쌓으라는 명령이 내려왔어요. 남아 있는 남자들은 물론 결혼하지 않은 미혼 여성들까지 죄다 동원이 되어 성담을 쌓고 죽창 교육과 수류탄 교육을 받아서 성담을 지켰지요. 사람 목숨이 바람 앞의 촛불처럼 불안하던 시기였지요. 한 치 앞을 내다볼 수가 없었어요."

양혜영　마을이 그야말로 폐허와 같은 상태였군요. 당시 선생님은 국민학교에 다니던 학생이었는데, 인근의 다른 마을이나 학교의 상황은 어땠나요?

강성원　"학교는 뭐 그대로 마비 상태였지요. 그때 학교에서 무슨 일이 있었냐면 여자 선생님이 하나 있었는데, 아마 남로당원에 포섭이 되었던 모양이에요. 그 여선생님이 교정에 인공기를 올려놓은 게 발각이 돼 총살이 되고 학교는 아예 마비 상태가 되었지요."

양혜영 당시 상황이 정말 하루하루 살얼음판을 걷듯 공포 그 자체였겠네요. 혹시 이런 말씀을 드려 죄송하지만, 주변 분들의 피해 상황은 어땠나요?

강성원 "다행히 우리 아버지는 60살이라 목숨을 부지할 수 있었고, 형이 19살이라 명단에 없었는데 머리가 길어서 성인으로 오인받아 이름이 불렸어요. 군인에 의해 이름이 불리고 양손이 쇠사슬로 묶였는데, 당시 고시수란 동창이 형을 알아보고 20살이 아니라고 증명을 해줘서 간신히 목숨을 구할 수 있었지요."

양혜영 4·3이 진압이 되고 난 뒤에도 오랫동안 후유증이 이어져온 것으로 알고 있는데, 진압 직후의 상황은 어땠나요?

강성원 "상당히 어수선하고 힘든 건 마찬가지였지요. 나는 당시 서귀포에서 하루 종일 걸어서 제주시에 간 다음 목포를 거쳐 서울로 올라가서 덕수산업학교에 다녔어요. 수업료가 없으니까 고무신 공장에서 일하며 등록금을 마련해 수업을 받곤 했는데, 1950년도에 2학기 수업료를 마련하기 위해 고무신 공장에서 일을 하고 있는데 그만 6·25가 터졌어요.

미처 피난을 가지 못하고 지하에 살다가 불에 타 죽을 뻔했지요. 그

러다 미군 후퇴하는 데 끼어 목포까지 7일이 걸려 내려가고 부산까지 다시 15일이 걸려서 내려가는데, 그때가 12월 28일이었거든요. 얼마나 추운지 길이 '증발'되곤 했어요. 너무 추워서 그냥 길이 사라져버리는 것을 '증발'이라고 하더라고요. 그 추위를 담요 2장을 뒤집어쓰고 양철통 위에서 견디며 피난을 내려갔어요.

부산 영도다리에 가면 제주도 사람이 많다고 해서 무작정 찾아가서 같은 동네 사람을 만났어요. 거기서 제주도에 가는 화물선을 찾아가서 사람은 승선시키지 못한다는 것을 당시 쌀 두 가마니 값을 내고 어렵게 설득해서 겨우겨우 제주도로 내려왔어요.

그렇게 고향에 와봤더니 국군으로 나간 형은 인천상륙작전 때 전사하고, 형수는 출산을 하다 죽고, 나도 죽었다고 해서 마루에 상 세 개를 차려놓고 삭제를 지내고 있데요.

그런데, 그때 와보니 4·3이 완전히 끝난 것이 아닙디다. 공산당이 제주도까지 내려오지는 못했는데, 공산당보다 더 무서운 서북청년단이 제주도에 투입이 되어 있었어요. 그 서북청년단들이 돌아다니며 또 그렇게 제주도민들을 많이 괴롭혔어요. 그래서 상비방위군을 모집하고 있기에 할 수 없이 살려고 상비방위군에 들어가 목숨을 부지했지요."

양혜영 서북청년단이요?

강성원 "네. 제 매형(김영생, 당시 30세)이 왜정 때 북해도에 징용을 간 바람에 4·3에 목숨을 부지하고 제주도로 돌아왔는데, 서북청년단에 인사 안 했다고 건방지다고 끌려가서 곡괭이 자루로 두들겨 맞았어요. 제 매형뿐만이 아니라 경찰 행정이 엉망이니까 서북청년단들이 제 세상인 양 휘젓고 다니며 약탈과 폭행을 저질렀지요."

양혜영 서북청년단은 주로 어떤 사람들이었나요?

강성원 "전쟁이 끝나고 안정이 되어 서북청년단을 무장해제하니 제주항 부두에 근로자로 600명 중에 400명이나 일하고 있습디다. 서북청년단에는 날 가르치던 중학교 교사도 있고, 대학교수도 있었어요. 무식한 사람들도 많았지만 유능한 지식층도 꽤 있었어요. 개중에 악질적인 사람들이 만행을 저지르며 다녔던 거지요."

양혜영   그렇다면 당시에도 4·3이 진행 중이었다고 봐도 무방하겠네요?

강성원   "그렇죠. 1948년에 발발한 4·3은 1년 반 만에 진압이 되었다고 했지만 다시 1950년에 6·25가 발발하면서 당시 4·3사건 관련자들을 죄다 다시 잡아가서 수장시키고 괴롭혔으니까요. 아직도 실제 피해자가 몇 명인지 정확한 행불자가 몇 명인지 알 수가 없어요. 어디로 잡아갔는지 어떻게 처리했는지 아무런 자료가 없으니까요.

사실 현재 대한민국에서 가장 큰 민주항쟁이 광주라고 알려져 있지요. 광주에서 사망한 피해자가 1000명 내외, 마산과 서울에서 사망한 사람이 100명 미만입니다. 제주도는 그 숫자가 무려 수십 배가 넘는 15000명입니다. 그런데도 아직 제대로 된 지원책 하나 마련되지 않고 있습니다.

지금도 11월 10일 밤이 되면 강정마을 동네 서른두 집에서 똑같이 제사가 치러지고, 어떤 집에서는 한 상에 열 그릇이 넘는 밥을 떠 올려야 합니다. 하지만 그 무엇보다 더 속상한 것은 아직도 무서워서 당시 이야기를 꺼내지도 못하는 사람들이 더 많다는 것입니다. 연좌제가 두려워 부모님을 숨기고, 과거를 묻어두고 벙어리 냉가슴 앓듯 끙끙대며 지낸다는 것입니다. 얼마나 두려우면 그렇겠습니까? 지금은 당시 상황을 겪었던 사람들 대부분 돌아가시고 몇 분 남지 않으셨는데도 그 남은 분들이 아직도 두려워하고 있습니다. 죽는 날까지 단 하루도 편히 살지 못하는 것이지요.

그런데, 하필이면 다시 또 이 땅에 해군기지가 생긴다니 저희는 다시 또 4·3의 아픔을 겪는 것만 같습니다."

 말끝을 흐리는 강성원 선생님의 눈시울이 붉어졌다. 성성한 그의 백발이 힘없이 바람에 나부꼈다.

가족과의 소박한 식사, 이웃과의 정겨운 인사

 "토질이 강인하고 배수가 잘 되어 제주도에서 유일하게 논농사가 가능한 곳은 저희 강정뿐입니다. 서귀포 물의 70%를 담당하고 있는 일 강정이 바로 이곳입니다. 그런 이곳에 해군기지가 들어선다는 것은 다시금 지난 4·3의 군정이 들어선다는 것과 별반 다를 것이 없습니다.
 지난 9개월 동안 제가 직접 서울 청와대에 올라가서 1인 시위도 하고 평화대행진에 참가해 강력한 반대의사를 표방하고 있습니다. 제 안사람도 지금 강정마을회에서 여성위원장을 맡고 있어 지금 오키나와에 가서 강정의 현실에 대해 알리고 있습니다. 솔직히 가족이 모여서 집밥다운 밥을 먹어본 지가 언제인지 기억조차 나지 않습니다. 이렇게 가족과 이웃을 멀어지게 해놓고, 저희 마을 주민들의 의지와 상관없이 공권력에 의해 밀어붙여지는 군사기지를 어떻게 평화와 안정이라고 표현할 수 있겠습니까.
 지금 구럼비를 폭파시키는 발파음이 들릴 때마다 밤낮으로 바깥의 인기척에 숨소리를 죽이며 가슴을 졸이던 4·3 당시의 기억이 떠오릅니다. 매일같이 경찰과 몸싸움이 일어나고 욕설이 난무하고 이웃 간에 웃음이 사라져가는 모습을 보면서 그날의 어두웠던 아픔이 반복되는 것 같아 더 마음이 아픕니다.

　빨리 이 문제가 해결이 되어야 할 텐데. 그래야 우리 안사람 얼굴도 좀 자주 보고 마을 이웃들과도 예전처럼 화통하게 웃으며 막걸리 한 잔 하고 그럴 텐데 말입니다."

　선생님의 마지막 말처럼 가장 가까운 곳에 있어야 할 가족과 이웃이 조각조각 떨어져 나간 구럼비 바위처럼 멀어진 세월이 5년. 제주의 4·3이 끝난 지 벌써 60여 년이다. 그런데, 아직 해결된 것은 아무것도 없다.

　언제쯤 강정은 다시 평화로웠던 예전으로 돌아갈 수 있을까? 가족이 소박한 찬을 마주한 채 식사를 하고 이웃과 정겨운 인사를 나누는 일상이 영영 가질 수 없는 행복이 된다면 우리는 어찌해야 하는 것일까?

강정에서

한동안 마야 달력이 끝나는 2012년 12월 21일,
지구가 멸망한다는 소문이 들끓었다.
시대를 앞서갔던 현명한 마야인들의 달력이
거기서 끝난 의미를 지구의 종말로 연결시킨 것이다.
하지만, 실제 마야는 훨씬 예전인 9세기 무렵
소리 소문 없이 지구상에서 사라졌다.

지금 대한민국 정부는 서귀포 강정에 해군기지 공사를 강행하며
한반도와 동북아의 대평화를 이야기한다.
하지만 해군기지가 진행된 5년 동안
강정 주민들 사이에서 웃음은 사라지고
예고 없이 퍼붓는 사이렌 소리와 폭발음으로
일상의 안위마저 위협받고 있다.
크지 않은 강정마을 안에서마저 평화를 찾아보기가 힘들어졌다.

어쩌면 내가 미욱해 그들이 말하는 '대평화'를 보지 못하는 건지 모르겠다.
하지만, 내게는 무력으로 국민을 제압하는 군대보다는
푸른 파도 아래 다글거리는 말똥게와
끊임없는 폭파에도 끈질긴 생명력으로 남아 있는 구럼비 조각이
여전히 더 소중하게 느껴진다.

양혜영
제주시 용담동에서 태어나 자라고 현재 거주. 2007년 경남신문 신춘문예 소설로 등단.

고병현

당팟 감귤나무도 푸르게,
통물질 배추도 푸르게

글 ▷ 조정

흰 나일론 질빵으로 요소비료 한 포대를 등에 단단히 메고 당신은 앞서 걸어간다. 엊그제 참깨 베어낸 통물질 밭에 가을배추 갈려고 사오는 비료다. 어른이 짐 지고 가시는데 빈손 쥐고 가려니 민망해서 말이나 거들었다.

"참깨 농사가 참 힘들던데요."

"서귀포 딸은 어제도 나보고 이런 거 하지 마라 하지만 어찌 가만 놀 수 있습니까."

동행인 친구 분과 나누는 이야기는 푹 삭은 제주 말이라 거의 알아듣지 못해서, 풀섶 메뚜기마냥 나는 끄덕끄덕 귀만 기울이며 따라 걸었다.

통물 가까이 터 잡은 자그마한 집은 막상 들어가보니 그리 작지 않았다. 방 둘짜리 본채 옆으로 널찍한 방 둘과 부엌, 세탁실 딸린 문간

채가 있고 뒤란에 놓인 컨테이너도 누군가가 숙식을 하는 방이다.

"이 방들에는 평화활동가들이 사나요?"

"예. 전에는 세를 놓았는데 우리 아들이 전기세 수도세도 절대 받지 말라고 해서 지금은 그냥 이쪽 방 둘, 안에 방 하나, 뒤에 컨테이너에서 활동가들이 살아요."

"어머니가 고생이 많으시네요."

제주해군기지 백지화 투쟁 때문에 누구보다 마음고생을 많이 하는 고병현님은 강동균 마을회장 모친이다.

열여섯 비바리를 스쳐간 4·3

당신이 4·3을 겪은 나이는 열여섯 처녀 때였다. 지금 지형으로 보면, 코사마트 뒤로 두 집 건너가 친정집이었다.

"처음에 응원대가 많이 왔어요. 육지 군인들이주. 그 사람들 떠나고 경찰들이 강정국민학교 운동장에 모이라고 했는데 그날 큰당팟으로 십여 명을 끌고 가 죽였어요. 우리 담임선생님이던 임선생 숙질간도 그때 죽었어요. 교장선생이 그 숙부였거든. 총소리 끝나고 우리 어머니하고 와봤더니 우리 선생님은 얼굴에 총을 맞아 얼굴이 없고 교장선생님도 몸이 반이나 어디로 날아가고 없어."

"그때 돌아가신 분들이 사상이 달랐나요?"

"아니 사상하고 관계없이 죽였어. 임선생 숙질간도 어질고 남한테

요만 소리도 안 하던 사람들이지."

큰당팟 입구에는 이제 큰 선과장이 세워졌고, 당팟에 감귤나무는 칠칠하게 자라 햇빛 아래 수긋하였다. 70년대 들어 제주에 감귤 재배가 본격화되었으니 4·3 당시 마을 밭들은 모두 고구마나 보리를 심던 곳이었다.

큰당팟 학살 닷새 후에 또 운동장에 모이라고 하는 걸 무서워서 못 가고 있는데 모인 사람 중에 다시 삼십여 명이 서울집밧으로 끌려가 죽었다. 서울집밧 가는 길에는 현재 가옥이 여러 채 들어섰다. 그 앞에 큰 비닐하우스가 태풍에 파손된 것을 주인 윤모씨가 혼자 수리 중이었다.

"4·3 전에는 서울밧 저 너머에서 법환 청년들하고 강정 청년들이 자주 씨름을 했어요. 강정 사람들이 늘 이겼지. 그 훌륭헌 사람들을, 아주 일류 청년들을 4·3 때 다 죽였어."

처녀 고병현은 이곳에서 총소리가 난 후에도 모친과 함께 찾아가보았는데 사람들이 여기저기 사방으로 흩어져 죽어 있었다. 나중에 마을 사람들이 와서 시신을 들어낼 때 홍○○씨가 다행히 시신들 밑에서 살아나왔다는 소식을 들었다.

"그 사람은 집에 돌아와서 좀 살았지요. 밖에 안 나가고 마당에서 왔다갔다하는 거를 봤어. 나중에 또 데려다가 죽이고 말았주게. 마을에 한씨라는 사람은 구들목에 숨은 걸 끄집어다 죽였어요. 처음 학살 있은 후에 우리 어멍이 우리도 죽이면 어떵 헐꼬 하고 우리를 데리고 강정천 우에 엉장으로 가서 다른 몇 집하고 숨어 지냇주. 아까 비닐하우스 고치던 윤씨가 그때 세 살이고 그 집 식구덜도 우리랑 같이 있었는데 그 사람은 너무 어려서 기억이 안 나겠주."

강정천 위 어디에 사람 숨을 만한 자리가 있었을까. 마을 청년에게 얻어 타고 간 트럭은 해군기지 공사장 지나 강정천을 건너자마자 멈추었다. 아, 해군기지 공사장 정문 앞은 어김없이 경찰들이 새카맣게 몰려들어 활동가들을 고착 중인 오후였다.

지금은 깎여 훤한 길이 된 풍림콘도 정낭 너머가 당시에는 강정천 옆구리로 길게 이어져 덩굴 무성한 언덕이었다. 과연 사람이 숨을 만 했겠다. 뼈처럼 드러난 벼랑과 덩굴식물들이 콘도의 담벼락이 된 길을 돌아나올 때 왼쪽으로 바라보이는 풍경은 환하게 강정바다여야 했으나, 실제로는 철책, 까마귀떼 같은 경찰 병력, 경찰 비호를 받으며 줄지어 퇴근하는 레미콘 차량들뿐이었다.

여러 번 보아도 늘 가슴 오그라드는 풍경. 오늘은 강정바다와 구럼비가 얼마나 더 부서지고 더럽혀졌을까 싶다. 당신도 같은 마음이신지 공사장 입구를 되짚어 오는 동안 일절 말씀이 없다. 종일 뙤약볕 아래 공사장 앞을 지키느라 흰 머리칼과 얼굴이 더 바삭해진 양윤모 선생이 차창 밖으로 스쳐갔다.

물 좋은 강정이

강정마을에 내川가 지금은 강정천 하나지만, 전에는 지금 마을회관

앞을 지나 통물 쪽으로 흐르는 큰내를 중심으로 동동네와 섯동네로 나뉘었다. 강정천 엉장에 숨어 가슴 조이던 처녀는 동동네에서 태어나 열여덟 살에 섯동네로 시집왔고 평생을 강정에서 살았다.

"우리 강정이 물이 참 좋은 마을이라. 여기 큰내가 흐르고 저 밭이 지금도 물이 나서 아래쪽은 농사를 못 짓는데 전부터 여기저기 다 좋은 물이 솟았어요."

"물 좋은 강정이라는 말이 강정천 하나를 두고 나온 말이 아니었군요."

"그러믄요. 수도 들어오기 전에도 우물물이 참 좋았주."

큰내는 복개되어 동서로 왕래하기가 좋아졌는데 마을 사람들 마음은 수심보다 깊게 갈라져버렸다. 해군기지 찬반이 나뉘면서 이웃과 친척, 심지어 친형제간, 부자간에도 의절한 이들이 많다.

"어머니 친정 가족들은 아직 마을에 사십니까?"

"예, 작은아버지들 가족이 다 있주."

"그분들은 해군기지에 대한 입장이 어떠신가요?"

"전부 반대요 반대. 한 집만 찬성인데 말도 안 하고 제사 때도 오지 않아요. 우리 마을이 4·3 때나 그 후에도 마음이 갈리지는 안 했어요. 무서운 시절을 서로 다독거리며 살았주. 지금이 그때보다 마을 사람들 사이에 분위기는 훨씬 나쁩니다. 해녀들과 마농(마늘) 까며 들으니 일인당 1억5천만 원 받고 바다를 팔기로 한 것을 결국 7천만 원씩밖에 못 받았다 헙디다. 어찌 바다를 돈 받고 몇 사람이 마음대로 팔 수 있수꽈."

"돈도 약속대로 못 받았고 여러 가지 거짓 정황이 드러났는데 찬성 측 해녀들은 여전히 찬성을 고집하시나요?"

"그 사람들은 지금은 일절 아무 말 안 헙니다. 다행히 일곱 명이 반대 측으로 넘어왔어요. 아들들이 반대를 해서 바꾼 사람도 있지만 상황을 알고 마음을 바꿔주니 고맙지요."

해녀도 아니고 무슨 보상을 받은 것도 아닌데 찬성 측에 선 주민들도 있다. 그 열댓 명은 대부분 해군기지 지어지기만 하면 일자리를 주겠다는 해군 측 약속을 의지한다. 여느 국책사업에서나 흔히 보듯 금품이나 일자리를 미끼로 하는 주민 이간질 방식이다. 잔돈푼과 노무자 자리로 주민들의 생계와 자존심을 농락하는 장난질이다.

"5년 전에 해군기지 문제로 마을회의가 있다고 해서 나가보니 주민 따로 해녀 따로 앉았어요. 그때는 뭘 모르니까 무사 따로 앚안? 했지요. 무슨 일이든지 결정을 헐 때 다수결로 허지 않습니까?

강정은 해군기지 반대허는 사람이 다수인데 왜 우리를 이렇게 박대하는지 몰라요. 내가 옛날에 새마을 부녀회장 허면서 박정희 대통령 만날 일이 있었는데 그때 물었어요. 마을에 일이 있을 때 의견이 갈리면 어떻게 해야 좋을까요 하니 박대통령도 다수결로 해야 헌다 헙디다."

공사는 불법으로 진행되고 있는데 공사 중단을 명령해야 할 도지사나 환경부는 꿈쩍하지 않고, 경찰이나 용역의 폭행도 눈감아준다. 마을 사람들과 평화활동가들을 무조건 체포하고 연행하고 구속하는 막무가내가 강정에서는 다반사다.

당신도 마을사람 오십여 명과 함께 제주 동부경찰서에 끌려간 적이 있다. 저녁이 되었는데 집에 안 보내고 70, 80세 넘은 노인들을 그냥 시멘트 바닥에서 자라고 하던 경찰들을 생각하면 지금도 분노가 인다.
　"한 곳에 몰아넣고 시멘트 바닥에서 자라고 헙디다. 우리 스스로 마을 지키고 바당 지키려는 것인데 어찌 그럴 수가 있습니까."
　이유도 까닭도 없이 무차별로 끌어다가 때리고 죽이고 가두던 4·3 때와 똑같다는 비명이 주민들 입에서 절로 터져나오는 지경이었다. "가난도 익으민 먹을 만ᄒ는 법."이라는 제주 속담을 알게 해 준 양전형 시인은 이런 시를 썼다.

　피

　나를 거시고 간 모기 ᄒ나
　백에 부턴
　포만감으로 노고록ᄒ다
　나 피가 모기 뱃소곱에 선명ᄒ게 흘럼저
　아, 봐졈져
　저 뱃소곱을 출렁이는 것덜
　저 피가 저지른 욕망과 방황덜
　ᄒ 모금 목몰름에 불과ᄒ 것덜

　역사를 돌아보건대 정복욕에 달뜬 제국들도 권력가들도 피 한 모금

빨아가는 저 모기와 크게 다르지 않았다. 한낱 역사 속으로 스러져간 미물들이었다. 오늘날 외세의 허수아비가 되어 경찰, 검찰, 사법 권력 다 동원하여 국민의 일상을 억압하는 정부와 군대, 돈으로 살 수 없는 자연을 깨부수면서도 돈벌이에 눈이 멀어 깡패 용역 데려다 마을 주민 위협하는 기업이 모기와 진배없는 존재임을 본인들만 모른다.

"해군기지 들어오면 아이들이 걱정"

정말이지 이렇게 오래 지속되고 전국적으로 확장될 싸움이라고는 찬반 양측 누구도 알지 못했다. 한국군을 위한 기지가 아니고 애초에 미군을 위한 기지라는 소문이 돌기는 했다. 하지만 미군기지라는 게 세상에 위험한 요소는 모두 품고 있는 말이라는 것도 몰랐다. 처음에는 그저 부당하게 바다와 농토를 빼앗긴 것이 억울해서 싸웠다.

이제 강정 주민들은 '강정을 빼앗기면 제주도 전체가 미사일 과녁이 된다.' '전쟁 오기도 전에 군사적 오염으로 땅과 바다가 못쓰게 된다.' '우리 아이들이 도저히 살 수 없는 마을이 된다.'는 사실을 알고 싸운다. 해군기지가 백지화되고 강정이 대한민국 주권과 동북아 평화의 진정한 화점花點이 될 때까지 싸울 참이다.

"강동균 회장을 보면 놀랍습니다. 6년을 한결같이 지치는 기색 없이 선봉에서 싸우잖습니까."

"아이고, 지치지 않어 지치지 않어. 멍청허니까 그래요. 멍청허지

않으면 그렇게 하겠습니까. 처음에 내게 와서 어머니, 마을회장을 하래는데 어쩔까요 묻는데 내가 심하게 말렸어요. 절대 그건 안 된다. 회장 하려면 니 아들 둘허고 마누레허고 나허고 묶엉 바당에 던지고 하라고 했주."

나라가 하는 일 반대하는 대열에 아들을 앞장세울 수 없다는 마음이야 제주 어머니라면 누구나 한 가지이다. 아무 혐의 없는 사람을 끌고 가 죽여도 이유를 묻거나 원망할 수조차 없는 막강한 힘이 나라라고 생각하기 때문이다. 처절하게 목도했고 무섭게 겪어온 4·3학살의 공포를 잊기에는 60여 년 세월이 너무 짧은 까닭이며, 사람의 기억이라는 게 도무지 시간을 따라 퇴색되지도 않는 까닭이다.

아들은 마을회장을 하는 동안 생업을 폐했고 심지어 감옥에까지 갔으나, 어머니는 이제 말리지 않는다.

"외손자가 연세대에 다니는데 방학 때 친구를 데려왔습디다. 그 아이 고향에 해군기지가 들어왔대요. 그 아이 말이 자기 고향은 유흥가가 되어서 돈 있는 사람은 다 떠나고 가난한 사람들만 눌러 사는데 해군기지에 밤새 켜놓는 불빛이 너무 환해서 농사도 안 된다고 해요. 작물들도 밤에는 잠을 자야지 않수과. 우리 마을도 해군기지 부지 밖은 다 농사를 짓는데 이제 큰일입니다. 아까 봤던 깨밭도 가로등이 환한 쪽은 깨가 안 돼요. 해군기지 들어오면 우리 마을 이제 농사도 못 집니다."

하필이면 강정인가. 청정 제주 어느 마을이건 기름과 방사능과 사람 오염을 불러올 군사기지로 내줄 자리가 없다는 것은 자명한 사실이지만 그중에서도 물 좋고 땅 좋아 '곤밥'(쌀밥) 아쉽지 않았다는 일강정이라니, 아깝고 아까운 노릇이다.

"어떤 사람은 해군기지 들어오면 마을이 좋아진다 하고 어떤 사람은 나빠진다 헙디다. 해군기지 있는 동네에 갔다 온 사람들도 말이 다 달라요. 그래서 내가 직접 한번 가보자 했주. 학교 동창생 하나가 부산에 삽니다. 아들한테도 말하지 않고 혼자 갔어요. 부산 가서 친구를 만나 해군기지 동네에 가보았는데 생각보다 깨끗해요.

둘러보다가 동네 노인들을 만나 이야기를 허였는데, 사흘 전에 견학하는 사람들이 있어서 일제히 청소를 했답니다. 견학 있으면 해군에서 용역 사서 청소를 하기 때문에 며칠 깨끗해지지만 평소에는 지

저분하고 밤이면 술 마시고 주정하는 사람들 천지에, 여자 남자 길에서도 아무렇게나 행동하고 아주 살 수가 없다고, 해군기지 들어온다고 하면 막아라, 목숨이 끊어져도 막아서라고 협디다예. 아, 청소를 했을 때 가본 사람하고 그냥 가본 사람들 말이 다르다는 것을 그래서 내가 알았주게."

마을회장 어머니를 해코지하면 회장 노릇에 제동이 걸릴 것이라 생각했을까? 찬성 측에 앞장선 마을 사람 하나가 당신을 폭행혐의로 고소한 게 3년 전 일이다.

"서귀포경찰서 정보과에서 출두 명령이 와서 갔어요. 내가 저를 때렸다고 전 이장인 윤○○이가 고소했다는 거예요. 왜 때렸냐고 물어요. 내가 물어수다. 내가 어딜 어떵 때렸다 협디까. 경찰은 모르쿠다 해요. 모르면서 나를 불러? 경찰이 주민을 보호해야지 어떻게 무고하는 걸 듣나. 이 산폭도만도 못한 놈들이라고 호통을 치고 대질시켜 달라 했주. 윤○○이를 대질해서 물었어요. 내가 너하고 싸운 적이 없는데 어떻게 너를 때리더냐. 대답을 못허지요. 강정 윤씨 집안에 아직 너 같은 사람은 없었다 하고 야단을 치고 왔어요."

4·3 때 마을 사람 중에 고○○라는 자가 제 마음에 안 들면 친구나 친척 가리지 않고 끌고 가 때리거나 죽여서 악명이 높았다. 마을 주민들이 그 사람을 무서워한 까닭은 그 뒤에 경찰이나 서북청년단이 있기 때문이었다.

찬성 측 인사들이 시대착오적인 정부와 해군을 등에 업고 반대 측 주민을 '종북좌파'라고 부를 때 강정 주민들은 본능적으로 모골이 송연해지며 화를 낸다. 4·3 때 산폭도 무리로 몰려 죽어간 혈족들의 죄명, 평생 연좌제에 묶여 어깨가 웅크러졌던 죄명이 바로 '종북좌파'와 같은 말인 '빨갱이'였기 때문이다.

"해군기지가 들어오면 노인들은 크게 걱정을 안 하지만 아이들 커가는 데 가장 걱정이라. 일본에 미군기지 있는 마을도 아이들 상대로 성폭력이 자주 일어난다 하고. 환경이 얼마나 오염될 거요. 작년에 빌레 부술 때 비산먼지 날아와서 감귤농사 폐농되고 나무 잎사귀가 다 낙엽이 되었어요. 불빛 때문에도 농사 못 짓고 바당 버리니 고기도 못 잡고 하면 이 마을에서 어떻게 삽니까. 해군기지 백지화되면 잔치를 벌일 생각입니다."

해군기지 백지화운동 못지않게 마을회가 마음을 쓰는 부분이 찬반 주민 화해 문제라고 한다. 찬성도 반대도 사람 사는 일에는 따르게 마련이나, 담을 하나 사이에 두고 원수처럼 살 일은 아니라는 말씀이다.

"금년(2012년) 어버이날 마을회가 찬반 노인 함께 효도관광을 보내준다 합디다. 도순동장을 중간에 세워서 찬성 측 노인들을 설득하고 버스도 여러 대 빌리고 준비를 했어요. 그런데 찬성 측에서 버스 한 대에 자기들만 타고 다른 장소로 가버렸어요. 도순동장은 어쩔 수 없이 들어줬다고 하지만 우리 아들도 화를 많이 냈지요. 모처럼 좋은 기회였는데, 해군기지 백지화가 되어야 이 문제들이 풀릴 것이우다."

선과장에서 얻은 조금씩 무른 귤을 곁에 놓고 고병현 어멍과 셀카도 찍으며 리무진 버스 기다리는데 이번에 《구럼비 그 바다에 부치는 글》이라는 시집을 낸 성규씨가 운전을 하고 가다가 웃으며 손을 흔들었다. 반갑다.

아, 모두들 이렇게 살고 싶은 것이다. 경찰들이 때리고 감시하고 잡아가지 않는 마을, 군사기지 따위는 없는 마을, 힘들여 농사지으며 시도 쓰며, 낯익은 사람들 만나거든 웃는 얼굴로 인사를 나누는 마을에서, 여태 살아온 대로 그렇게.

일어나지도 않은 전쟁을 핑계로 외세에게 농토와 바다와 우애와 아이들의 미래를 갖다 바치게 하는 세상은 병든 세상이다. 통물질 밭에 가을배추 키우는 강정 어머니들도 그 정도는 알고 있다.

공항 가는 리무진 버스가 제주 시내에 들어설 무렵 라디오 뉴스에서는 귀에 익은 이름, 놀라운 소식이 흘러나왔다. 강정마을 평화활동가였던 청년 비례 국회의원 장하나가 제주해군기지는 미국의 요청에 따라 설계되었다는 해군 문건을 찾아냈다는 뉴스였다. 반가움과 놀라움과 서글픔이, 차창을 치며 내리는 빗물 위에 이마를 기대었다. 제주시 초저녁 거리는 무심하고 어두웠다.

江汀川

사사로운 봄빛 외투 벗은 뜨개 옷 속에 꽃다발처럼 마음처럼 왼발처럼 오른발처럼 툭툭 또각또각 포인 힐 힐 힐 날아와 쌓이는구나

하늘은 가진 서랍 모조리 뒤집고 빈 팔 열어 보이나
속수무책을 확인하기 위해 연대할 필요는 없지

막강한 바다 옆구리 차고 앉아 종일 공회전 중인 전투경찰 버스 열세 대는
명명백백
일사불란
무지막지
줄 지어 푸른 마늘밭 샅샅이 더럽히는 중이며 키가 민들레만 한 노파는 거미처럼 멈추더니
다시 걷는 중이며 절대 발기한 브레이커 여덟 대가 바위를 타고 앉아 살해 중이며

아, 수레 세 대만 모여 움직여도 轟이라고 하지 않니

꽝꽝꽝 드다다다 별이 튀는 악의 축이 성조기거나 서초동 삼성 본사거나
어린 유채꽃 한 포기가 백만 칸데라
결사적 찬란

7올레를 줄지어 걷는 바람이 빠르게 넘기는 秘書

큰 내에 무쇠 말뚝 박는 장정들이 이곳에서 뜻을 이루지 못하네
힘센 자는 낯이 조급하고 팔이 가는 아이가 희고 부드럽게 춤추네

조정
전남 영암에서 출생했다. 한국일보 신춘문예로 등단했다. 시집으로 《이발소 그림처럼》 등이 있다.

고영진

질긴 놈이 이기는 거 아닙니까?

글 ▷ 이종형

두 번의 태풍이 지나갔다. 섬의 곳곳이 무너지고, 상처로 신음 중이었다.

강정이라고 다를 게 없었다. 마을 안의 화훼단지부터 한라봉, 시설원예를 하는 비닐하우스 철제빔 들이 휘어지고, 지붕들이 찢겨 나갔다. 재촉되는 원고마감을 앞두고 인터뷰 약속을 잡긴 했지만 한라산을 건너가면서 내내 마음이 무거웠다. 날을 잡아도 하필……. 시설원예로 토마토 농사를 짓는 고영진씨도 필경 태풍의 매서운 갈기를 피하진 못했을 터. 한창 복구에 바쁠 시간을 뺏는 것만 같았다.

토마토 하우스에서 복구준비를 하다 오는 길이라며 낡디낡은 봉고차를 끌고 평화센터 앞에 나타난 고영진씨는 그러나 밝게 웃고 있었다. 꽤 오랜만에 다시 만나는 그의 몸에서 짙은 땀 냄새가 훅 풍겨왔다. 손바닥에 전해지는 감촉, 이유 없이 뭉클해졌다.

마침 밥 때가 된 시각. 모처럼 영진씨에게 점심 한 끼를 대접하고 싶어졌다.

"맛있는 음식 먹으러 갑시다. 단, 밥값은 내가 낼게."

그런데, 영진씨의 봉고차가 갑자기 멈춰섰다. 요지부동. 시동이 걸리지 않는다.

내 차로 법환포구로 이동하는데, 공사장 정문 앞에서 1인 시위 중인 이영찬 신부님의 모습이 눈에 밟힌다. '아이고, 신부님 죄송합니다.' 속으로 사죄드리며 지나칠 수밖에.

법환 포구에 있는 한 식당에서 한치물회와 막걸리 한 병을 시켜놓고 태풍 피해는 어느 정도인지 근황부터 물었다.

1600평 비닐하우스 중 1400평이 망가졌다고 했다. 4월과 5월 사이, 첫 수확을 하고 이모작의 두 번째로 몇 달간 짙은 땀 흘린 농사가 태풍으로 인해 쑥대밭이 된 셈이다. 5천만 원쯤 예상하던 매출수익은 고사하고 얼추 잡아도 2천만 원은 족히 될 복구비용까지 합하면 어마어마한 피해다.

하지만 영진씨는 의외로 담담했다. 씩 웃으며 하는 말.

"저 혼자 피해 입은 것도 아니고 하늘이 하는 건데 받아들여얍주."

어쩌면 왜소해 보이기까지 하는 아담한 체격의 이 사내. 배짱 두둑하시다. 막걸리 한 잔 시원하게 비운 그 다음 얘기는 더 걸작이다.

"비닐하우스 무너지고 지붕 날아간 거 보고 복장은 터지는데, 문득 해군기지 공사장은 어떻게 되신고 궁금핸 내려가보난 해군홍보관이 폭삭 주저앉은 거라 마씸. 그 순간은 우리 비닐하우스 망가진 건 잠깐 잊어불고 씩 웃음이 나오고 속이 다 시원합디다."

둘이 한치물회 한 숟갈씩 뜨다 말고 얼마나 낄낄거렸는지 옆자리 이웃주민들이 힐끔거리는 시선이 따가웠다.

망가진 비닐하우스는 식사 후 둘러보기로 하고 가장 궁금했던 질문으로 이야기의 물꼬를 트기 시작했다.

어머니와 4·3, 가족사

해녀였다는 영진씨 어머님은 어떤 분이셨는지 궁금했다. 그도 그럴 것이 2011년 6월, 펜스가 쳐지기 전 구럼비 해변에서 열린 한국작가회의 주최 '강정평화기원 문학의 밤'에서 영진씨는 〈내 어미는 해녀였다〉라는 자작시를 들고 나와 그 자리에 모인 200여 명 관객들의 마음을 한 방에 훔친 전과(?)가 있는 사내였다.

서울과 제주시에서 모여든 시인, 작가들은 물론 마을주민들과 활동가들의 눈시울을 뜨겁게 만든 그 밤. 사회를 보던 필자도 울컥 목이 막혀 잠시 다음 순서 소개를 하지 못하고 버벅거리게 만든 이 사내. 원고 집필이 가능하겠냐는 청탁이 왔을 때 '고영진씨 원고는 내가 쓰고 싶다'는 조건을 내걸게 만든 문제의 시 중 일부.

한평생을 물질하다 저 세상으로 가신

내 어미가 오늘따라 몹시도 그립구려

지금은 저승 가서 아들 생각이나 하는지

안 하는지 그래도 어미가 보고파 웁니다

어릴 적 호호 불며 소라꼬치 건네주던

어미 손길 그리워 애가 탑니다

오늘도 중덕 바위 틈새에 쪼그려 앉아

어미를 그리워하며 웁니다

내 어미 모진 손길 머무른 이곳을 이대로

내어줄 순 없지 않은가

내 기억의 몸부림으로 이곳을 지키고 싶다

살아 숨 쉬는 그날까지 내 기억 속에 남아 있기를.

지난 2008년, 86세를 일기로 세상을 뜬 이창건 여사는 생전에 해녀 중에서도 상군해녀였다. 2007년 4월 26일 87명이 모여 해군기지 유치를 찬성했던 그들만의 총회 이후, 2007년 6월에 우여곡절 끝에 실시된 유치 찬반을 묻는 마을주민투표에서 투표함을 탈취하는 등, 찬성 측에 서서 정당한 회의 진행 방해에 앞장섰던 것이 마을의 해녀들이었는데 이창건 여사는 왜 처음부터 확고한 반대의사를 표명했던 것일까.

"어머니는 해군기지 반대투표를 하고 1년 뒤 돌아가셨어요. 더 오래 사실 줄 알았는데……. 아마 마을이 두 쪽으로 갈라지고, 예전엔 상상조차 할 수 없는 일들이 끊임없이 발생하면서 심리적 충격을 많이 받으신 게 아닌가 싶지요. 어머니는 정말 파란만장한 일생을 사신 분이었는데요. 4·3 사건 이후 어머니는 정부 혹은 국가권력이 하는 일을 믿지 않았던 분이었습니다. 워낙 마음의 상처가 깊을 대로 깊은, 그걸 뭐라고 하던데…….”

표고버섯 재배사업으로 단단한 일가를 이루던 이창건 여사의 친정집은 먹고사는 데 큰 걱정이 없는 중산층 가정이었다. 4·3의 광풍이 온 섬을 휘몰아치던 무렵 영진씨의 큰외삼촌이 좌익으로 몰려 큰 곤욕을 치르기 전까지는. 집안의 장남이 좌익으로 몰려 죽을지도 모르는 급박한 상황이 발생하고, 평온하던 가정은 한순간에 풍비박산이 날 지경에 이르게 된다.

그때만 해도 웬만한 집안에선 엄두도 못 냈을 변호사를 선임하고 그 비용을 대며 오랜 기간 동안 법정투쟁을 하느라 가세가 기울기 시작했다.

하지만 그건 시작에 불과했다. 결국 희생자가 생겼다. 4남 4녀의 형제자매 중 이창건 여사의 손아래 남동생은 강정마을에서 총살된 38명의 희생자 중 한 분이다. 아무렇게나 널부러진 남동생의 시신을 찾아 헤맨 것도 영진씨 모친이었다.

여기에 1961년 마흔일곱의 나이로 세상을 뜬 영진씨 부친 고신순씨도 1949년 국가보안법 내란방조 혐의로 금고 2년 집행유예 3년을 선고받은 4·3의 피해자였으니 이창건 여사의 삶에 국가폭력이 끼친 정신적 트라우마는 한 생애를 고스란히 관통하는 아픔이었고, 그것은 자연스레 해군기지 결사반대의 행동으로 옮겨졌던 것이다.

소년의 가출, 그리고 귀향

이런 가족사를 배경으로 평범하게 성장하는 것이 쉬운 일이었겠는가.

강정국민학교를 졸업하고 중문중학교에 진학한 소년 고영진은 1학년을 미처 마치지 못하고 공부를 때려치운다. 그리고 일찍 험한 세상 속으로 뛰어든다.

"공부에 큰 흥미가 없었기도 했지만 어린 마음에도 답답하고 암울합니다. 바깥세상에서 뭔가를 해보고 싶었고, 그래서 요즘 말로 가출이란 걸 했습니다. 미장, 세탁소, 술집 웨이터 등등 안 해본 일이 없었죠. 고생도 할 만큼 했지만, 또 젊다는 것 하나만으로 좌충우돌하며 질풍노도의 시간을 보내기도 했어요.

그러다가 우연히 땡처리 전문 의류판매업이 꽤 괜찮은 사업이라는 걸 알게 됐어요. 과감히 뛰어들었는데 이게 꽤 재미있었습니다. 적성에 잘 맞았는지, 어쨌는지……. 주변에서 다 인정해주는 땡처리 장사 전문가가 되더라고요. 물론 돈도 손에 좀 쥐게 되었지요."

이 무렵 서귀포 시장 내 의류판매점에서 일하던 아홉 살 터울인 지금의 아내를 만나게 된다. 그리고 가정을 꾸린 얼마 후, 상설 할인마트 같은 점포들이 생겨나면서 재고의류를 몇 백관 단위로 매입하여 시장에 넘기던 땡처리 의류판매 사업은 사양길에 접어들기 시작했는데, 사업도 전처럼 재미가 없어지고 가정이란 걸 꾸미고 나니 문득 강정으로, 어머니 곁으로 돌아오고 싶더란다.

하지만 도시생활을 꿈꾸던 아내가 좋다고 할 리 없었다. 강정으로 돌아가기 싫다는 아내를 온갖 감언이설로 꼬드겨 강정으로 돌아온 그는 첫 농사로 화훼재배를 선택한다. 하지만 자본부족, 경험부족 등 이런저런 사정으로 5년 만에 작파하고 두 번째로 토마토와 오이 같은 작물을 재배하는 시설원예 농사를 짓기 시작해 오늘까지 하고 있다. 수중에 가진 걸 한 번 탈탈 털고 나니 초기자본이 비교적 많이 들지 않는 작물을 선택하게 되었던 것. 비록 남의 땅을 세내어 짓는 농사이긴 했지만 열심히 땀을 흘린 대가는 정직했다.

아이 셋 낳고 키우며 먹고사는 일에 대한 큰 걱정은 없을 만큼 평범한 삶의 나날이었다. 적어도 2007년 그 일이 벌어지기 전까지는.

"다른 동네 농부들 사이에는 강정 농부들은 농사일을 날로 먹는다는 우스갯소리가 있어요. 어떤 작물이든지 심어놓기만 하면 크게 신경을 안 써도 적당한 햇살과 비와 바람이 다 알아서 풍성한 결실을 맺게 해주는 곳이니까요. 감귤도 도내에서 손꼽힐 만큼 품질을 인정받긴 하지만, 정작 이 동네 농민들 농사짓는 실력은 별로라고 다른 지역 농부들이 놀릴 정도죠.

저도 첫 번째 화훼농사는 실패했지만 지금 토마토나 오이농사는 그런 대로 잘 꾸려올 수 있었던 게 그 덕이 아닐까 싶죠. 그만큼 땅심 좋고, 물 좋고, 인심 좋은 마을이었는데 저 괴물들이 들어온 이후 마을

공동체가 완전히 절단나버리고 말았으니…….''

그날 이후

"처음엔 29명으로 반대대책위를 꾸렸죠. 중덕바당에 있던 꽃 작업장이 주 모임 장소였고요.

이 스물아홉 명의 양반들은 그때까지만 해도 마을일에 적극적으로 참여하거나 마을행사 같은 거 할 때도 큰 관심을 두지 않고 그저 묵묵히 제 농사나 짓던 평범한 이웃일 뿐이었죠. 나쁘게 말하면 방관자들이라고나 할까? (하하)

비료나 농약 사러 농협 같은 데 들렀다 만나면 자판기 커피 한잔 빼 마시며 '니네 이번 농사는 어떻냐?' 하는 안부를 주고받다 가끔 소주도 한잔 나누는 이웃들이었지요.

마을 분위기가 뒤숭숭해지고 별별 이야기들이 들려오는데 가만히 보니 돌아가는 판이 이상한 거라. 누군가가 '야, 해군기진가 뭔가가 들어온다는데 이대로 가만히 두고 볼 거냐. 그거 들어오면 마을이 다 망가질 텐데. 우리끼리라도 뭘 좀 해야 되는 거 아니냐.' 이렇게 얘길 해요. 그렇게 의기투합된 29명으로 반대대책위를 꾸리고 첫 모임을 공지했더니 33명이 모입디다. 그중 4명은 저쪽 (찬성 측) 프락치였지만요.

아무튼 29명 중 평소 서로 간의 의견조율도 잘하고 말도 제일 조리 있게 잘하던 양홍찬씨를 대책위원장으로 선출하고 활동에 들어갔죠.

화순, 위미 마을 반대대책위와 참여연대 등을 찾아가서 관련자료를 수집하고, 우리마을에 결코 해군기지가 들어와서는 안 되는 이유를 정리한 내용을 담은 유인물을 만들어 가가호호 방문하며 뿌렸지요. 이게 초기 대책위 활동이었습니다.

지금 와서 생각해보면 의미 있는 활동이었지만 큰 성과를 거두진 못했어요. 우린 평화적 방법을 통한 반대운동에 주력하기로 처음에 의견을 모았는데, 결과적으로 이게 초기 대책위 활동으로 성공하지 못했다, 아니 실패했다, 이렇게 말해도 과언이 아니죠. 대책위원장을 맡은 양홍찬씨가 '절대 폭력적인 방법을 쓰는 반대운동이 돼선 안 된다.'라고 다짐한 까닭도 있었지만 우리가 너무 순진했던 겁니다. 그래도 한 마을에서 오랫동안 얼굴 맞대고 살아온 이웃사촌들인데 설마 그렇게 비열한 무리수를 두면서까지 유치 찬성을 하랴 하는 방심이랄까.

　"첫 날치기 모임 때, 저도 현장에 있었어요. 그런데 반대 측 주민들에겐 발언권을 주지 않는 거라. 몇 번씩 손을 들어 발언권을 달라고 해도 외면해버리고 이미 잘 알려진 대로 자기들끼리 그렇게 뚝딱 해치워버린 거죠."

　그날 이후 마을공동체가 어떻게 파괴되었는지를 증거하는 사례가 영진씨에게도 있었다.

　"죽마고우 6명이 모여 만든 친목회가 있었어요. 20년 가까이 회비도 착실히 모았고……. 그런데 그 작은 모임 안에서도 찬반양론으로 의견이 엇갈렸어요. 그래서 서로가 더 험한 꼴을 보기 전에 부부동반으로 마지막 여행을 다녀왔어요. 남은 돈은 골고루 나누고 친목회를 깨버렸지요."

요즘 생각, 그리고 내일

　"아까도 보셨겠지만 공사장 정문의 신부님들, 평화활동가들, 외부에서 우릴 도와주러 오신 여러분들을 보면 늘 미안하고 고마운 감정이 교차하죠. 사이렌 소리가 들릴 때마다 하던 일 제쳐놓고 뛰어나가야 하는데 사실, 그러지 못하거든요. 먹고는 살아야 되니까. 하던 농사일을 제쳐두고 현장에 나가기가 쉽지 않더라고요. 그게 제일 미안한 거죠.

저 공사장 펜스가 쳐지기 전까진 그래도 '그 희망이 보인다, 이길 수 있다' 하는 자신감도 있었는데, 구럼비 바위가 깨어지던 날 이후 죄책감, 좌절감, 절망감이 한꺼번에 몰려드는 게 너무 힘이 들더군요. 아마 다른 분들도 저와 같은 생각들 많이 하셨을 겁니다.

살아서 움직이니까 살아 있는 것 같지만 사실은 이게 지옥 같은 나날이 아닐까 이런 생각도 가끔 들었어요. 그때마다 전국 각지, 멀리 해외에서까지 우리를 응원해주는 분들을 생각하면서 마음을 다잡긴 했지만요.

강정마을의 미래요?

어떤 식으로 결론이 나든 주민 간의 갈등의 골은 더 깊어지겠죠. 불행한 일이긴 하지만요. 우리 마을은 희생양입니다. 무엇을 위한 희생인지 그 희생에 따라오는 고통의 시간이 미래에 어떤 의미로 다가올지 제 식견으로 뭐라 말할 수 없지만 아이들부터 노인들에 이르기까지 마을 주민들 모두가 평화라는 단어에 대해 새삼 깨우치는 계기가 된 것만은 분명한 것 같습니다. 그래서 투쟁은 계속될 겁니다.

질긴 놈이 이기는 거 아닙니까? 끈질기게 견디며 투쟁해야지요."

쓰러진 토마토 재배 비닐하우스를 둘러보고 나오는 길목마다 마을 곳곳에서 복구 작업이 한창이었다. 그러나 그 길에서 만난 마을주민들 모두 영진씨처럼 담담하고 묵묵하게 땀을 흘리고 있었다. 이런 여유가 어디에서 오는 건지 잠시 궁금해졌지만 부러 묻진 않았다.

헤어지기 전, 태풍 덕에 물이 좋을 거라며 영진씨가 '냇길이소'를 들러보고 가자고 했다.

과연, 냇길이소는 깊고 푸른 제 얼굴을 되찾고 철철 넘쳐흐르고 있었다. 가을하늘을 제 몸에 담아 더욱 푸르러진 수면을 보며 둘은 잠시 아무 말도 하지 않았다. 며칠 간 내린 비만으로도 본래의 모습을 찾은 냇길이소와는 달리 강정마을이나, 상처로 얼룩진 중덕바다 구럼비는 이제 옛 모습을 되찾긴 어려울 것이다. 마을주민들도 지난 몇 년간 그들의 어깨 위에 내려앉은 고통의 무게를 영영 벗어던지지 못할 것이다.

하지만 그 상흔이 강정마을을 진정한 '평화'와 '생명'의 공간으로 거듭나게 하는 상징으로서 우리에게 깨우침을 주기 위한 제물이라면, 그것은 기꺼이 감내할 만한 희생이라고 받아들일 수 있지 않겠는가.

당신의 슬픔에 대해

물빛 깊어진 다리를 지나며 눈이 짓무른다.
깃발, 형형색색의 언어들이 흔들리는 골목길을 따라
무거운 경계, 보이지 않는 장벽 너머 너에게로 간다.

피할 수 없는 절망과의 대면
참을 수 없는 분노와 적의를 잠깐 멈추고
통점을 되짚어보는 가을 바닷가

상처투성이 제 몸을 혀로 핥고 있는 철망 너머 넓적바위를
가을햇살이 물보라처럼 날아와 보듬어 안고 있다.

멀구나 말없는 평화
슬프구나 외면당한 얼굴
눈부시구나 말없이 슬퍼서 슬픈 이름

강정, 10월 구럼비 찢겨진 몸에서
다시 생살이 돋기 전까진
당신의 슬픔에 대해 안부를 묻지 않기로 한다.
나의 불안에 대해 침묵하기로 한다.

다만 짐승처럼 웅크린 채 고착된 풍경의 일부가 되기로 한다.

이종형
제주에서 출생했다. 제주작가회의와 한국작가회의 회원이다.

김미량

우리 바당 지키자는 것, 이런 것도 죄가 되나요?

글 ▷ 허영선

"남 때려서 들어간 것도 아니고, 하나도 부끄러운 것 없다. 다 잊어라. 사기꾼도 아니고, 죄지은 것 없다."

어머닌 유치장에서 딸이 끄적거린 글들도 다 버렸다. "그냥 잊어라, 다 잊어라." 하셨다. 스스로 밥 해주는 것을 좋아한다고 말하는 여자. 신나면 뽕짝도, 평화 노래도 멋드러지게 한 곡조 뽑아낼 줄 아는 여자. 남의 눈물에 더 가슴 아파하는 여자. 떠났다 9년 만에 다시 돌아온 고향에 스스로 붙들린 눈이 큰 이 여자. 강정의 딸 김미량. 어느새, 범법자 마을이 된 강정에서 자신도 몇 차례 구치소에 들어갔다 나왔다.

뒤늦게 어머니의 바다밭, 우리 바당 지키자는 것도 죄가 되는 줄 알았다는 여자. 신장이식 14년째 몸. 그 뜨거운 뙤약볕 아래 미소를 잃지 않고 강정 삼촌들과 걷고 걸었다. 온 가족이 강정 사수대. 강정 삼촌들, 안온한 잠을 청하지 못한 게 몇 해던가. 어머니 세대의 아픈 이 싸움을 언제까지 마냥 지켜봐야만 할까. 김미량. 앞으로의 강정은 자신들의 세대가 감당해야 할 몫인데 걱정이라고 하는 이 여자.

강정의 딸, 그를 만난 건 태풍 볼라벤이 휩쓸고 간 이틀 후였다. 바로 전날은 강정바다에 밀려온 엄청난 고기들을 주웠단다.

"파도가 치면 돌구멍에 고기들이 팍팍 박혀 있는 게 보여요. 어려서 그런 광경을 많이 봤어요."

자연 돌그물에 걸린 그것들. 파도가 '탁' 치면 압력에 의해서 돌에 박힌다. 가마니로 세 푸대나 주웠다. 다금바리 4.7킬로, 북바리 2.7킬로! 허나 그냥 고기들만 주워담지는 않았다. 자연에 감사하는 마음도 함께 담았다. 그는 페이스북에 이런 글을 올렸다. "인간은 자연한테 얻어먹는 거지다." 어느 책에서 읽고 충격을 먹었던 한 구절을.

"인간은 자연한테 늘 얻어먹으면서 고마워할 줄 모르는 존재 같아요."

언젠가 이 싸움도 끝나리라. 하지만 그 끝이 그가 꿈꾸는 강정이 되길 그는 희망한다. 생명 평화가 난만한 강정바다의 꿈 말이다.

아! 구럼비. 다시 강정에 오지 않았다면 그곳을 어떻게 알았을까. 정성껏 치성드릴 때면 떠갔다는 할망물, 물이 깊은 냇길이소도 이제야 알았다. 어린 시절, 백중날 되면 할머니가 맘 먹고 주신 천 원으로 과자 사고, 구럼비에서 물토종게를 잡았고, 구럼비 용천수 바위 안에서 수영을 했다. 물속에 들어갔다 나와서 구럼비 바위에 짝 엎드리면 뽀송뽀송 기가 전해졌던가. 몰랐지만 좋았다. 추우니까 따뜻한 돌이 좋았다. 그게 다 자연 치유였던 것은 아닌가. 이제야 느낀다.

강정에 다시 오지 않았다면, 그런 모든 것을 어떻게 알았으랴. 어르신들한테 들었던 유산기가 있을 때 먹으면 괜찮다 하던 그 새뱅이 새우가 할망물에 사는 줄 어떻게 알았으며, 어머니가 잡지 말라던 똥깽이, 그 붉은발말똥게가 그리 귀한 존재인 줄 어떻게 알았을까. 아름답던 기억의 구럼비에서 기운을 얻던 시절이 평화이고 행복이었음은 또 어떻게 알았을까. 뿐이랴.

"구럼비 안에 뽕나무가 많았어요. 스물넷에 수술하고 엄마랑 그 길로 구럼비에 가서 그것 잎을 따다 데쳐서 쌈 싸먹고, 그곳 물을 먹었어요. 내가 그것 먹고 건강해지지 않았나 생각해요. 그때 수술 동기들은 다 세상을 떴는데, 나만 그 은혜를 받는 게 아닌가 해요."

그런 구럼비가 공권력이 투입돼 쪼개지고 있었다.

강정마을 사거리 유명한 생선 좌판 김미량

'정의빵 손지(정의 마을 손자)'였다. 태어나 보니 부모는 너무 가난했다. 그의 유년의 기억에 남아 있는 집은 남의 집 세간(살림) 전전하면서 살던 기억뿐. 서귀포 하례리와 보목리를 고향으로 둔 아버지, 어머니가 강정마을로 둥지를 찾아든 것은 오빠가 태어나서였다. 어릴 때 강정은 고구마, 놈삐밧(무밭), 나록팟(논밭) 천지. 오빠랑 눌 쌓은 곳에 살금살금 가 고구마 서리해서 먹기도 했다.

아름답던 구럼비의 기억은 생각만 해도 아삭아삭하다. 구럼비 바위 앞엔 가면 물꾸럭(문어), 보말, 깅이. 먹을 것이 지천이었다. 일만 끝나면 가난한 삼남매는 바다로 향했다. 겨울엔 김을 말려 먹었다. 구럼비는 놀이터. 거긴 또 식량창고였다. 꿈? 부자가 돼보는 거였다.

강정마을 사거리에서 생선 다라이 장사를 했다. 물질하던 어머니가 잠시 일본 물질 나갔을 때였다. 어머니를 대신해 거리에 나선 그때가 스물두 살이었고, 오빠, 동생과 함께였다. 그해 중상 정도의 물질 솜씨로 강정, 법환 해녀들과 떠났던 어머니는 석 달 물질로 1200만 원을 벌고 돌아왔다.

국민학교 4학년 때부터 시작한 미량이네 생선. 팔리면 팔고, 안 팔리면 집에서 먹고 그랬다. 소문난 '강정 옥돔'이 전국에 알려지게 된 것은 그들의 좌판에서다.

"이 근해에서 잡은 당일바리 생선이죠." 먼저 세상 뜬 아버지가 배 타던 시절엔 질 좋은 옥돔은 상인한테 넘기고, 어머닌 뽀시레기(부스러기)만 팔고 그랬다. "그러다가, 상인한테 다 넘기지 말고 우리가 팔아보자 한 거죠." 오빠 동생이 그 일을 물려받아 팔기 시작했다. 자기 배를 가진 사람들이 권한이 있는 거였다. 날씨만 좋으면 출어했다. 9월부터 5월초까지. 그런 강정의 싱싱한 옥돔은 입소문이 났다. 생선은 재고가 없을 정도. 원조 강정 옥돔. 제주시부터 일본까지 택배. 전국으로 팔려나가다 보니 추석이나 설엔 없어서 못 판다. "칼집 넣어서 말려달라, 배 따서 말려달라, 주문대로 하는 거죠." 손질도 어머니와 남동생 온 가족이 한다. 이젠 내장만 봐도 어떤 생선인지 다 안다는

강정의 딸, 김미량.

　안 해본 일이 없다. 고교 졸업하는 열여덟에 실습 나갔다. 건설회사, 식당도 다녀보고, 주유소도 다녀봤다. 허나 스물둘 청춘에 천둥이 찾아왔다. 예고도 없이.

스물두 살 여름 찾아온 만성신부전

"어느 날 아침에 눈을 뜨는데 눈 한쪽이 보이지 않았어요. 부랴부랴 병원으로 달려갔더니 혈압이 너무 높아서 혈관이 안에서 터졌다는 거예요. 검은 눈동자 막이 피로 에워싸여서 보이지 않았어요."

맹렬하게 생선 장사 할 무렵. 병원 한 번 다녀본 적 없던 고명딸이었기에 놀라움은 컸다.

1년 동안 혈압 치료. 나아지지 않았다. 이리저리 병원 진료과를 돌다 돌다 만성신부전증인 것을 안 것은 한참 후. 담당의는 너무 늦게 찾아와 신장이 완전히 망가졌다고 했다. 그날로 입원. 1년 뒤 수술. 마침 동생의 신장을 이식받을 수 있었다. 스물네 살 4, 5, 6월에 수술. 임파선이 안 말라서 두 번 더 수술하는 등 자질구레한 수술 여러 번.

그래도 삶은 계속됐다. 20대였고, 5년 동안 화장품 외판도 뛰어봤다. 일상은 일상대로 강물처럼 흘러갔다. 몸이 회복되자 서귀포에 식당 문을 열었다.

"저녁에 할 게 없다는 생각으로 식당을 한 거예요. 낮엔 오빠가 잡아온 생선을 팔고 저녁엔 새벽 다섯 시까지 식당을 했어요."

스물두 평 식당, 신선한 생물로 요리한 조림집은 대박. 줄을 서야 먹을 수 있었다. 직원 둘과 합숙하다시피 일하는 재미, 돈 버는 재미에 푹 빠졌다. 이렇게 9년. 물론 식당에서 배운 것도 많다.

"식당을 하다 보면 남의 기분을 잘 알 수 있어요."

고사리철엔 고사리 꺾으러 다니고. 몸이 남아날 리가 있는가. 몸은 지칠 대로 지쳐갔다. 젊은 몸이지만 그만하면 혹사였다. 더구나 신장을 이식한 몸이 아니던가. 다시 건강에 빨간불이 켜진 것을 안 것은 2011년 2월 20일. 갑자기 코에서 피가 나 멈추지 않았다. 20일 입원. 요양이 필요했다. 고향으로 가 쉬고 싶었다.

돌아온 고향, 강정은 이미 싸움터였다

 돌아온 고향은 싸움터였다. 그때다. 슬슬 중덕 삼거리 산책을 하던 그의 가슴을 강정이 덜컥 붙들고, 그의 발목을 붙잡은 것은. 아니다. 솔직히 말하자. 그가 스스로 강정의 손을 잡았으리. 곳곳에 플래카드 휘날리는 해군기지 반대. 만신창이가 되어가는 구럼비. 마을 삼촌과 삼촌 사이의 이상한 거리감. 상상보다 컸다. 어떻게 외면할 것인가.

 "왜 사이렌은 늘 울리나. 이 사람들이 이렇게 땀범벅이 되고 햇빛에 그을리고 지옥 천당을 왔다갔다하는데 이럴 때 나는 무슨 일을 했나. 죄책감이 밀려왔어요. 나는 너무 편하게 살고 있지 않았나 하는 생각이 든 거죠."

 어머닌 사이렌 울리면 나섰다. 늦게 물질 배웠으나 잘한다 소리 들었던 해녀 어머니. 삼촌들은 그녀들의 바다밭을 지키기 위해서, 온 가족이 나가고 있었다.

 "바다는 우리 밭이잖아요. 밭이 몇천 평 하지만 우리 바다밭은 평수가 없잖아요. 마음이 얼마나 부자겠습니까."

 그 거대한 바다밭이 사라지는데 어떻게 그냥 있겠는가.

 충격은 컸다. 밑바닥을 살아본 사람은 안다. 바닥이 얼마나 추운가를. 이미 5년에 이르는 이 긴 싸움을 지켜보면서 강정의 딸, 그 역시 몸은 갈 수 없었으나, 미안한 마음에 후원금만 냈었다. 그것으로 위안했으나 현실은 지독했다.

 "아, 돈이 전부가 아니구나 깨달았죠. 와서 강정에 몸을 담고 보니.

너무 미안했어요."

식당도 중간에 임대 줬다가 올 6월초 아예 팔아넘겨 버렸다. 아픈 몸이지만 고향을 놔두고 혼자만 떠날 수는 없었다.

스물일곱에 물질을 시작한 어머니가 40년 동안 일하는 곳, 아버지의 밭이었던 곳. 오빠와 남동생이 배를 운행해 먹고사는 곳, 이 바다밭 생존의 땅 아닌가. 간단하다. 그가 강정을 지키는 이유는 그런 거다.

"해군기지가 생기면 강정에서 쫓겨난다는 불안감, 이것이 우리의 반대 이유죠. 어머닌 산 무덤도 자리 보며 쓰는데 왜 강정이냐 혹독하게 말해요."

그리고, 쫓겨나면 어디 가서 살 것인가 불안 속에 사시는 것도 사실이다. 아, 어머니!

"유치장 간 것 부끄러운 것 없다. 다 잊어라"

이번에 구치소 잠깐 살다 온 딸을 두고 어머닌 예전 같지 않은 반응을 보인다. 딸의 건강이 걱정이다. 중덕 삼거리나 구경한다고 왔다가 강정에 스스로 묶여버린 딸.

어머니는 그러신다. "몸만 성하면 왜 말리겠나. 자기 몸은 자기가 챙겨야주. 저렇게 신경쓰니 더 힘들주. 건강하지 않으면 아무런 소용이 없다. 너는 남 멕이는 게 천성이니까, 남 퍼주는 것 좋아하니까 아예 식당을 해라." 그런다.

 아니다. 없이 살았으나 아버지도 어머니도 어려운 사람들 퍼주는 것 좋아한 이들 아닌가. 밥 퍼주는 것도 투쟁의 일환이란 것 안다. 그도 안다, 어미의 마음을. 오죽하면 딸이 강정에 너무 몰입하는 게 밉겠는가. 왜 안 그러랴. 성치 않은 몸이 조마조마하기만 한 일. 그런 어머니의 마음을 왜 모르겠는가.

 지난 여름 구럼비 공사 시작할 때만 해도 소라 몇 번 해다 팔았다는 어머니. 등대까지 소라 하러 갔더니 이젠 여도 깨져서 물건도 아예 없다 한탄하는 어머니. 강정 바다엔 전복도 많았다. "바당만 조금 쓸 줄 알았주. 이렇게 구럼비 깨어가고 밭들 경매하고, 아이고 아이고. 배 타고 썩은섬에 가다 보면 아이고 소리가 나와. 다 깨버리니. 조금만 할 줄 알았는데 이렇게 크게 깰 줄은 상상도 못했어." 하는 강정의 어머니. 그의 마음을 왜 모르겠는가.

 처음엔 떠날까도 했었다. 병원에선 아무것도 못할 것 같았다. 헌데 신기하게도 강정만 오면 걷고 뛰고 그런다. 떠날 수 없게 만드는 이 힘, 이 에너지는 대체 어디서 나오는 거란 말이냐. 강정 바다! 어르신들이 지켜왔고, 이제 우리가 지켜야 할 세대가 되었는데 걱정스럽다는 김미량. 찬성 쪽 사람들의 마음을 돌려놓기엔 갈등의 골이 너무 깊다는 것도 안다.

 "강정마을이 평화공원이 되고, 멍자국을 없애려고 하면 어떻게 해야 할 것 같냐고 누가 물으면, 마음 다친 것을 어떻게 풀어나가야 할지 몰라 그런 거 나는 못할 것 같다 그래요. 신부님께 나는 못할 것 같다고 그랬어요. 다른 것은 내 탓이오 하지만, 이것까지 내 탓이라 하면 너무 비참하잖아요."

담담해 뵈지만 큰 눈에 물기. 그의 목소리가 조금은 떨린다. 참 긴 싸움이다.

"강동균 회장님도 쉐(소)난 지금까지 견뎜주. 달구지 하루 종일 끌라면 누가 끌 거우꽈?"

연행…… 또 연행…… 죄가 뭔지 몰랐다

"차 앞에 누워 있는 것만으로도 당신은 특수공무집행방해다! 나중엔 검사가 김미량씨! 당신 경찰 옷만 만져도 업무방해, 특수공무집행방해란 걸 아세요, 모르세요? 그랬어요. 나는 양심에 죄가 아니라고 생각했어요. 배운 게 없다 보니까 그렇게 함으로써 내가 법에 어긋나는 행동을 해서 재판까지 받아야 되는 거라곤 상상도 못했습니다."

기가 막혔다. 살다 보니 어느 날 범법자가 돼 있었다는 김미량. 죄명은 왜 그리도 많은지 처음 알았다는 이 여자. 연행 또 연행!

작년 9월 2일 펜스 막는 날. 그는 차 아래 드러누워 버렸다. 강동균 마을회장 연행 당시였다. 구속 40일. 그게 큰 죄가 되는 줄 몰랐는데 죄명은 특수공무집행방해란다. 아, 하늘 아래 이런 게 죄가 되는 줄 정말 몰랐다는 이 여자.

"강정 주민들 한 번도 경찰서 방문한 적 없으니까 차라리 공지사항

써서 넣어달라고 그랬어요. 정말 그런 경험 한 번도 없었으니까. 그게 법에 저촉되는 줄 어찌 알겠어요."

억울했다. 잡혀간다는 건 알았으나 그런 게 왜 죄가 되는지는 어떻게 알았겠나.

계속 항소 중인 그는 지금도 '법'에 걸려 있는 게 많다. 이건 적합하다, 아니다 계속 싸움 중. 도로교통법 위반, 집시법 위반에 주거침입까지. 주거침입?

"사업장에 기도하러 줄줄 갔더니 주거침입이라더군요. 벌금? 엄청 많지요. 구속적부심해서 병보석으로 500만 원에다 벌금 맞은 것만도 천만 원은 될 거예요."

외지에서 온 순수 활동가들에 감동

어려서부터 불의를 보면 못 참던 아이. 직접 행동에 나서버리는 아이. 중간은 싫었던 아이였다.

"어려서 아버진 남이 한 대 때리면 너도 한 대 때려라, 절대 먼저 때리지 말고 맞고 와라 했어요."

우린 돈 없는 집이니 그냥 맞고 오라는 말뜻이었음을 늦게야 알았다. 그가 강정에 큰 충격을 받은 건 공권력 때문이었다. 그 모습만 보면 울화통이 터지고, 심장이 벌렁거렸다. 분노가 치솟았다. 호흡곤란 증까지 생겼다. "나도 공권력에 피해를 당한 사람이니까요." 오빠, 남동생, 그의 투쟁을 보고 누군가는 '삼형제 특공대'라 했다.

지난 2월, 병원 가는 날이었다. 20분 정도 남은 시간. 바다에 카약을 못 띄운다고 한참 언성이 오갈 때다.

"남동생과 벤자민이란 외국인이 젊은 경찰에 둘러싸여 짓밟히고 있었어요. 그러지 말라고 보호하려고 하는데 실랑이가 벌어졌어요. 어느 순간 몸이 붕 하늘로 떠 있게 된 거예요. 어떤 자가 마스크 쓰고 내 눈을 내려다보면서 내 얼굴을 꽉 밟고 있었어요. 죽을 힘을 다해 신발을 뺏었죠."

신발은 다른 사람한테 맡겨두고 그날로 그는 입원. 전치 3주. 그는 결국 그 경찰을 찾아냈다.

"세게 때렸어요. 죽는다고 포구에서 뛰어내리니 밑에 경찰들이 있었어요. 너무 울어서 제정신 아니었죠."

그가 포구에서 뛰어내리니 밑에 경찰들이 있었다. 경찰 다쳤다고 이번엔 폭력행사로 특검.

"애꿎게 다친 그분한테는 정말 미안하다, 보상해주겠다, 고의가 아니었다, 분에 차서 그런 거다 하고 사과했어요."

검찰 조사는 아직 받지 않은 상태.

많다. 법에 적용된 것들. 바로 지난 7월, 유치장에 갔을 때는 음주운전에 무전기 던졌다며 잡아갔다.

"포구에 바람 쐬러 다섯 명이 내 차를 타고 바닷가에 갔는데 연행하라고 난리를 쳤어요. 그때 구속적부심에서 유치장에 7일 살고, 교도소에서 3일 살았어요. 많이들 신경 써주셔서 나오게 됐지요."

이젠 그도 많이 알게 됐다. 이건 업무방해, 집시법 위반이구나…….
조심스럽다.

"유치장에선 다섯 명이 좁은 방에서 잤지만 너무 대우를 받았어요. 감방 동지 이모가 설거지도 시키지 않았어요."

사실 이번에도 못 나올 거라 상상했다. 사흘 만에 나온 게 신기하다. 이번에 다시 가보니, 교도관들도 죄수 번호 안 부르고 '미량씨'라고 불러줘서 고마웠단다. 거기서 읽는 명언이나 인생론도 가슴에 남는다.

다가오는 대선에 희망을 걸어볼까. 희망이 없으면 싸울 수 없으니까.

"언론이 제대로 해줬으면 지금처럼 이러진 않았을 거라는 생각도 해요. 한겨레신문 1면에 나왔을 때 정말 기뻤어요."

타인의 고통 느끼려 희망버스, 두물머리도 순례

강정에 온 외부 사람들. 여행 왔다가 갔다가 다시 오는 순수 활동가들. 너무 고생이 많다. 월급 받는 것도 아닌데 말이다.

"그들은 빚 갚으러 왔다고 합니다. 강정에 무슨 빚을 졌는지 모르지만. 그러니 농번기철 하우스 하느라 바빠서 강정 사람들 나오지 못하는 것 보고 내가 나가지 않을 수 없었죠. 강정 주민 한 명이라도 있어야 하니까. 빠질 수 없어서 나가요. 막막하고 미안한 일이죠. 미사 시간 때도 그렇죠."

이글거리는 태양 아래 선 강정지킴이들을 보았다. 신부님들의 굽힘 없는 미사와 투쟁을 보았다. 천주교 신자 한 분의 활동 모습에 큰 감동을 받아 예비신자가 됐다.

"나 대신 이들이 와서 해주는구나. 이게 무슨 상황이냐. 그때야 머리도 트이고 눈도 보였어요. 이 아름다운, 평화로운 강정마을을 제주 사람들이 지켜야 하는데 외지에서 와서 이러냐 하는 생각이 든 거죠."

가난한 자가 더 나눌 줄 안다. 싸워본 자가 타인의 고통을 더 이해한다. 작년 여름, 희망버스도 타봤다. 두물머리에도 가봤다. 그들에게도 가보고 싶었다. 한 달 전에도 그는 열흘 동안 전국투어를 했단다. '육지 사람들'은 강정이라고 하면 쌈짓돈 꼬깃꼬깃 쥐어주곤 했다.

"내가 몸 둘 바를 모를 지경이었다니까요. 이젠 참 마음이 많이 편해진 거예요. 투쟁 현장에 미숙하니까 느끼러 가고 싶었어요.

희망버스에선 15분이면 갈 수 있는 곳을 펜스 때문에 2시간 반을 돌아서 가는데, 한 사람도 군말 없이 걷는 거예요. 깜짝 놀랐어요. 너무 힘들다는 사람도 없고, 로봇처럼 갈 곳만 가는 거예요. 거리가 비좁고 동산 올라가는데 질서가 그렇게 잘 잡혀 있다는 것에 놀랐어요. 끝나서 새벽 도로에서 밤을 새우는데 마무리까지 정리정돈 너무 잘했어요. 강정마을은 네 물건 내 물건이 없는데……."

거기서 그는 보았다. 사랑과 상대방을 더 챙겨주려는 마음을.

두물머리. 유기농하는 사람들의 함박꽃 얼굴들을 보고 놀랐다. 서 있기도 힘든 빗속에서 다들 미소 지으며 나보다 남을 챙겨주려는 마음에 놀랐다. 그런 거였다. 그렇게 어려운 싸움 속에서 밝은 마음을 가질 수 있기에 싸움을 하는 것 아닐까. 그는 강정마을 입구에 여덟시 출근해서 저녁 7시반까지 항상 지킨다. 거기서 함께하는 이는 두물머리에서 왔다.

공사 중지하고 생명평화공원 만들었으면

고향의 역사에 눈 돌리게 하고 타인의 고통에 가슴 열게 한 것은 투쟁이 준 선물이다. 4·3의 아픔도 얼마 전 4·3공원에 가서 알았다. 스쳐가기만 했던 알뜨르 비행장의 역사도 이제야 알았다. 제주의 가슴팍에 이리 아픈 역사가 있었구나. 들으면 그냥 눈물바람 난다. 참 늦게야 알았구나 싶다. 고교 졸업하자마자 돈 벌러 다니던 앳된 청춘, 한참 꽃바람 들 나이에 아파버렸고, 다시 삶터로 나가야 했으니. 아침저녁 생선장사하고 돈만 벌었으니. 제주의 길도 잘 모른다. 제주도에서 나고 자랐지만 내비게이션 없으면 운전하기도 어렵단다.

그는 노래를 좋아한다. 뽕짝도 좋다. 하지만 시끄러운 음악보다 조용한 음악이 더 좋다. '평화바람'을 좋아한다는 이 여자. 한 소절 불러보시라.

"맑은 강정천이 흐르고 / 아끈천도 따라 흐르는 / 아름다운 이 강정으로 / 우리 손잡고 가요~ 범섬이 노래하고 / 썩은섬도 따라 부르는 / 파도가 춤추는 곳, 강정마을로 가요 / 생명의 평화의 마을로."

어라? 카수라더니! 예사롭지 않은 가창력. 근데, 노래는 왜 이리도 가슴 아린가. 노래 가사에 그가 꿈꾸는 평화, 그가 바라는 세상이 실려 있다.

강정천이 그대로 흐르게 하고, 강정 바당 평화스럽게 갈 수 있게 공사를 중지해서 생명평화공원을 만들었으면 하는 것.

"'우리가 가는 길이 평화다.'라는 말 있잖아요. 우리가 할 수 있는 것만큼 주어진 만큼 최선을 다하는 거죠. 강정마을은 평화의 성지가 되어가고 있어요. 6년 전 강정의 모습이 평화잖아요. 그것을 지키기 위해서 우리가 하는 것이고, 우리의 목적이기도 해요. 예전처럼 경찰 없던 마을, 공동체가 살아 있는 마을로 되돌리고 싶다는 마음뿐이지요."

강정 사람들이 나라에 대고 무슨 보상을 요구하고 있는 것도 아니지 않은가. 제발 그대로 놔두시라. 안 그러면 이 싸움 언제까지 갈 것인가? 올해 서른아홉. 강정의 딸, 김미량. 그가 꾸는 이 꿈이 현실이 되는 날, 그날을 함께 희망한다.

태풍이 할퀴고 간 강정 바다에 안개비가 내리고 있다. 중덕 삼거리의 비닐하우스 지붕은 찢겨 덕지덕지 나풀거리고, 군데군데 파밭은 한꺼번에 널부러져 있다. 허나 밥을 퍼주는 활동가들의 얼굴은 여전히 밝고 활기차다.

"삼춘! 밥 먹엉 갑서."

화장기 없는 얼굴에 큰 눈. 맑은 목소리. 그의 시선은 다시 구럼비를 향한다.

그날, 강정마을 사람들은

방향을 달리 걷는 사람들이
다른 방향으로 걷는 사람들을
붙잡으러 몰려드는 밤
지상의 모든 숨소리가 요충지에 몰려들다가
순식간에 층층 쌓아올린 시간의 뼈를 부수는 포클레인 공습에
화들짝 놀라 하늘로 거꾸러진다
사소한 사랑싸움에 지친 연인들이 쪽쪽 소리내던
해안 절벽은
무참히 짓이겨진 돌의 심혈관
쑥쑥 쑤셔대는 신음들로 곤두박질친다
부서진 뼛조각들이 울부짖는다
절대 그러지 말아야 할 일들을 내지르던 밤이었다

사이렌 소리에 맞춰 웅크린 선잠이 달아나고
흙 묻은 채 달려오던 강정마을 사람들
오랜 시간 황혼의 바위가 없다
아무리 그런다 해도
모과씨처럼 단단한 희망 하나 내줄 리 없다
꺼낼 수 없는 슬픔도 감내하던 그해의
부당한 검은 새벽 잊을 리 없다

구럼비 할망물 한 사발에
비념하던 강정마을 사람들은

종결 없는 희망의 지느러미 앞세워
바리케이드 겹겹 쌓여가는 그들의 마을,
구럼비로 가고 있다

아무도 어쩌지 못하는 어린 달 하나
구럼비 척추 타고 내려오는 물줄기 따라
바다로 가는 길을 안다는 양 찰랑찰랑
그들과 동행하고 있다

그날, 강정마을 사람들은
여전히 조롱조롱 따라오던 따뜻한 달처럼
구불구불 바다로 흐르는
달과 별의 시린 물줄기로 흐르고 있었다

허영선
제주에서 태어나 제주대 대학원을 나왔다. 시집으로 《추억처럼 나의 자유는》, 《뿌리의 노래》가 있다. 역사서 《제주4·3》, 그림책 《워낭소리》 등이 있다. 현재 제주작가회의 이사이며, 제주대 강사다.

김봉규

강정에서 농사지으며 살고 싶습니다

글 ▷ 김영란

"초등학교 5학년짜리 아들을 앞에 앉혀놓고, 시간 날 때마다 해군기지 문제를 이야기합니다. 고등학교, 중학교 다니는 딸이 있는데도 아들에게만 말입니다. 이 싸움은 한 해 두 해로 끝나는 싸움이 아닙니다. 이길 때까지 싸워보자고 생각하고 있습니다. 그러려면 아들에서 손자까지 이어질 수도 있지 않겠습니까?"

무엇일까? 시골에서 농사나 짓고 사는 사람이, 딸은 출가외인이라는 보수적인 생각을 가지고 있는 평범한 한 가정의 가장일 뿐인 사람이, 어떻게 이런 결의에 찬 투쟁의지를 가지게 되었을까? 싸움의 대상이 다름 아닌 골리앗보다 더 무시무시하다는 대한민국 공권력인데도 말이다.

김봉규. 그는 강정에 사는 농부다. 2009년도에 KT에서 명예퇴직을 할 당시 40대 중반에 막 접어든 나이였다. 정보통신업체 KT라면 누구나 선망하는 직장이겠지만, 그는 늘 고향인 강정으로 돌아가고 싶었다.

대기업일수록 구조조정이라는 미명하에 정리해고의 칼날을 언제 들이댈지 모르는 곳이 아닌가? 청춘을 고스란히 바친 직장에서 어느 날 '나이 들어서 필요 없다'며 헌신짝처럼 버림을 당한다면, '쓸모없는 사람'이라고 낙인찍히는 기분 아니겠는가? 잘리기 전에 알아서 나가면 명예를 지킬 수 있다며, 명예퇴직을 강요하는 분위기.

김봉규씨도 퇴직하기엔 아직 이른 나이였다. 정리해고당하기 전에 뭔가 대책이 있어야 했겠지. 아내와 아이들 앞에 가장으로서의 위신도 생각했겠지. 힘들고 어려울수록 자신의 모태를 떠올리는 건 인지상정. 그래서 가장 힘든 순간에 무의식적으로 '어머니'를 부르고, '고향'을 떠올리는 게 아닐까? 김봉규씨도 그랬으리라. 힘들게 살았어도 고향은 늘 푸근하고 정겹다. 만나는 이 누구라도 등이라도 치고 싶다. 돌아갈 곳이 있다는 것만으로도 얼마나 큰 행복인가?

"농사짓다가 시간이 나면 강정 앞 바다에 보트 하나 띄워놓고 낚시나 하면서……. 마당에는 초막 하나 지어, 거기 앉아 식구들이랑 수박을 먹고……. 이런 생각을 하면서 귀농했습니다."

그러나 현실은 생각을 만족시켜주지 않았다. 귀농한 지 3년, 단 한 번도 낚싯대를 꺼내보지 못했다. 여가생활은 사치가 되어버렸다며 너털웃음을 짓는 그를 마을회관에서 처음 만났다.

그를 만나러 간 날은, 폭염 속에서 한 줄기 비가 지나간 뒤끝이었다. 훅훅거리는 더위가 마을이며 사람들을 다 녹여버릴 것만 같았다. 마을회관은 약간 어수선해 보였으나 벽에 붙여진 사진들이며 펼침막들이 가열찬 투쟁의 상황을 상징적으로 대변해주는 듯했다. 파란 줄무늬 셔츠에 진바지를 입고 나타난 그는 금테안경을 꼈고, 키가 조금 크고 마른 체형의 순박한 인상이었다. 소매를 곱게 팔꿈치까지 접어 올린 매무새만 봐도 깔끔한 성격일 것 같았다. 농사꾼이라기보다는 샐러리맨의 분위기가 아직도 살포시 나는 그런 사람.

"강정마을은 살기 좋은 곳이었습니다. 그야말로 편안하고 평화스러운 마을이었죠. 도정에도 우호적인 사람들이 많았습니다. 정부나 도나, 경찰이나 군은 다 자기 편인 줄만 알았던 사람들이었죠. 그런데 이제는 저도 경찰만 보면 뚜껑이 열리고, 레미콘만 보면 엎어버리고 싶고……. 군인만 보면 반감이 생깁니다."

질문이 이어지기도 전에 하고 싶은 말을 준비라도 해둔 사람처럼 줄줄 이야기해나갔다.

내가 할 수 있는 일을 찾아서…… '강정 이야기' 발간

해군기지 때문에 귀향의 모든 계획이 수포로 돌아갈지도 모른다는 생각에, 평소 소극적이고 내성적인 그였지만 '이 싸움에서 내가 할 수 있는 일이 뭘까?' 고민을 하다가 한 번도 해본 적은 없었지만 홍보 쪽 일을 하겠노라 자청을 했다.

마을에서 일어나는 소식을 마을주민들과 도민들에게 알리는 것을 비롯해 여러 매체를 통해 해군기지 백지화 투쟁 소식을 알리기 위한 소식지가 필요할 것 같아서였다. 한 달치 마을의 주요 소식을 간추려서 '강정 이야기'라는 제호 아래 2011년 6월에 첫 호를 발간, 2012년 7월까지 13호째 발행해오고 있다. 홍보의 필요성을 바로 느낄 수 있었던 것은 정보통신업계 20년 경력에서 나온 감각인 듯하다며 수줍게 미소 지었다.

해군기지 싸움에서 전면에 나서서 싸우는 것만이 전부가 아닐 거라고 생각한다고 했다. 앞에 나서진 못하더라도 자신과 같은 사람이 할 수 있는 일이 분명 있을 거라 생각하며 일을 찾아 한다는 사람.

불교의 힘으로 평화를…… '생명평화강정불자회' 창립

바다가 일터인 해녀와 어부들이 바다 반쪽이 없어지는 것을 허락했다는 사실을 그는 지금도 이해하기 힘들다고 한다. 바다가 주는 이익은 전복, 소라, 물고기가 전부가 아니며 해산물 및 자연환경과 서비스가 결합되는 상태에서 강정마을에 가져다줄 이익이 우리의 상상을 초월할 것이라고 '강정 이야기'를 통해 홍보하는데도 먹혀들지 않는다 했다. 바다에 우리의 꿈과 희망, 미래가 있다고 바다 관련 정부기관들도 홍보하는데 해군기지가 들어서는 것에 어떻게 찬성할 수 있는지 기가 막힌다고 했다.

그의 어머니도 해녀다. 지금은 나이가 많아 물질은 못하지만······. 아들이 반대 측 활동을 하고 있어서 어머니는 어떠한 입장표명도 없이, 오히려 무관심할 뿐. 수십 년 칠성판 지고 바다에 같이 뛰어들던 해녀들 편을 들어야 하는 건지, 핏줄인 아들 편을 들어야 하는 건지······. 그 어머닌 오죽할까?

강정주민 60%는 불교신자다. 그중 해녀들이 다수 포함되어 있다. 해녀들을 설득하고 갈등을 치유하는 방법은 불교밖에 없다고 생각했다. 그래서 그가 생각해낸 것이 불교신자 모임. 학교 다닐 때 불교학생회 활동을 했던 경험으로, 15쌍 부부 30명이 '생명평화강정불자회'를 창립하여 적극 참여하고 있으며, 사무국장직을 맡아 13회째 모임을 이끌어오고 있다.

'강정 이야기' 소식지 발행과 '생명평화강정불자회' 사무국장. 가만히 듣고 있으면 반대대책위원회에서는 아주 비중 있는 활동임에도 그의 말투나 어법을 통해서는 아주 사소한 일처럼 들려왔다. 그만큼 자신의 역할을 확대하거나 부풀리려는 과시욕이 없다는 거다. 농사지을 땅을 지키고, 그럼으로써 고향을 잃지 않을 수 있다면 자신이 할 수 있는 어떤 일이라도 해야 한다고 생각하는 것이다.

바다의 절반, 땅의 4분의 1이 없어지는데

강정은 범죄자 마을이라 했다. 반대투쟁으로 구속되는 주민들이 많아져서 범죄자가 가장 많은 마을이 되었기 때문. 해군기지가 들어서면 화훼단지, 풍력단지, 함상공원(군함 위의 공원) 등이 들어서기 때문에 지역상권이 지금보다 활성화되고, 세탁소, 이발소, 여관, 식당 등 상권이 살아날 거라고 기대하는 사람들도 많다.

"개발에 따른 성과가 나올 수는 있겠죠. 그러나 가장 중요한 것은 농어민들의 삶의 터전이 없어진다는 겁니다. 농어촌 사람들이 바다가 없어지고 땅이 없어지면 어떻게 살 수 있겠습니까?"

바다의 절반, 땅의 4분의 1이 없어진다고 했다. 해군기지 때문에. 그것으로 끝나지 않고 군 아파트 짓는다고 또 다른 땅이 수용되고, 유류 저장탱크들을 만들기 위해 땅이 수용되고, 이런저런 필요들로 강정 땅이 계속 수용되어갈 거라고 내다봤다. 게다가 미사일 싣고 다니는 배들이기 때문에 무기고도 있어야 하고, 헬기를 탑재하는 군함이어서 헬기계류장도 필요하지 않겠냐, 그러면 강정마을 주변으로 기지 관련 시설들이 계속 들어서야 하는데 땅을 계속 수용하지 않겠느냐고.

"농사지을 땅이 없어지는 거죠. 이건 우리보고 강정 떠나라는 거나 마찬가지가 아니고 뭡니까? 농사꾼이 땅을 다 뺏기고 나면 보상을 받은들 무슨 소용입니까?"

더 이상 말을 잇지 못했다. 잠시 후 자기처럼 젊은 사람은 그래도 약간의 경쟁력이라도 있겠지만, 50~60대 이상 농사꾼들이 보상받고 외지로 나가서 적응하며 살 수 있겠냐고 물어왔다. 이러니 싸울 수밖에 없노라고. 조상 대대로 지켜온 이 땅에서 농사지으며 살고 싶어서, 고향을 잃고 싶지 않아서, 목숨 걸고 싸우는 거라고.

연대를 통해 에너지를 얻다

소강 상태를 보이던 반대대책위 활동이 생명평화팀들의 100일 순례를 계기로 외부와의 연대에 적극적이게 되었다. 이전 3년 동안은 주민들만의 힘으로 싸웠다. 외지인들에 대한 불신이나 경계심 같은 게 있는 것도 사실이었다. 처음부터 외부세력에 의지하면 강정마을 주민들의 생각이 묻혀버릴 수 있기 때문에 고민은 하면서도 미루고 있었다. 활동가들이 트위터로 강정문제를 외부에 적극적으로 알려줌으로써 강정이 많이 알려지게 되었다. 이런 시점에 조직이 하나씩 꾸려지기 시작했다. 미디어팀, 축제팀, 국제팀, 천주교팀……. 그중에서도 천주교에서 강정싸움의 에너지 역할을 해주고 있다고 힘주어 말했다. 지금도 매일, 오전 11시와 오후 3시에 길에서 미사를 해주고 있다고.

"강정 조직은 특이합니다. 천주교연대, 마을연대, 범대위연대, 지킴이연대들이 독자적으로 활동하죠. 개별적이긴 하지만, 예를 들어 강동균 마을회장이 구속되면, 바로 연대해서 빈자리를 메꾸면서 활동해 나갑니다. 경찰이나 검찰에서 종북좌파로 몰아가면서 지도부를 구속시켜도 강정 싸움이 끊이지 않고 오히려 더 역동적으로 이어져 나갈 수 있는 건, 바로 이런 조직의 특성 때문이죠. 활동비도 전국 각계각층에서 만 원에서 십만 원까지 계속적으로 지원을 해줍니다. 지금까지 버틸 수 있는 것도 다 이 덕분이죠."

한 마디 한 마디 내뱉는 그의 말 속에서 투쟁의 의지가 확고하게 느껴졌다. 그리고 연대해주는 단체와 활동가들에 대한 신뢰와 무한한 감사의 마음을 느낄 수 있었다.

먹고살기 바빴던 어린 시절

그의 어린 시절은 어땠을까? 강정천과 구럼비 바위를 주름잡던 이 동네의 골목대장이었을까? 아니면, 지금처럼 내성적이고 조용한 아이였을까? 어린 시절 이야기를 통해 그에게 강정은 어떤 의미인지 듣고 싶었다. 대뜸 물 자랑부터 늘어놓는다.

강정은 물이 좋기 때문에 지금도 용천수가 20여 개나 살아 있다고 한다. 그중에서도 '큰강정물'과 '통물'은 10여 분만 몸을 담그고 있으면 폭염으로 생긴 열독이나 땀띠 같은 게 쏙 들어간다고. 뙤약볕에서 농약 치다 보면 어질어질한데, 이때도 이 물에 몸을 담그면 금방 정신이 돌아와 농약도 해독해준다고.

"정말 시원하고 신통력 있는 물인데 해군기지가 들어오면 다 옛말이 되는 거죠."

그는 해군기지 때문에 강정이 이렇게 아름답고 좋은 곳인 줄 알게 됐다고 했다. 국민학교 때 강정천에서 물놀이하면서도 물은 다 어디나 이렇게 맑고 깨끗한 거라고 생각했단다. 중학교 이후에는 중덕바당 구럼비에서 장대낚시를 했다. 놀이로 보이는 노동이었다. 찬거리를 위한 낚시였으니까. 너울성 파도가 심해서 위험하기도 했지만 큰 고기가 잘 잡혀서 자주 갔다. 어떻게든 집안에 도움이 돼야 했으니까.

그 시절엔 산에 가는 것도 지금 같은 산행의 의미가 아니고 나무열매라도 따 먹을 목적이 있을 때 가는 시대였다고.

"좋다, 아름답다 느낄 여유가 어디 있었습니까? 누구나 할 것 없이 먹고살기 바빴던 시대 아닙니까?"

당시 구럼비 쪽에 400여 평의 논이 있어서 어머니를 도우러 자주 다녔다. 새벽녘에 밭으로 가다 보면 범섬에서 해가 뜨는 걸 자주 볼 수 있었다.

"지금 생각하면 감탄사가 절로 나올 장관 아닙니까? 그때는 그런 걸 봐도 아무 생각이 안 났던 것 같습니다. 있을 땐 귀하고 소중한 걸 잘 모르듯이 말입니다. 해군기지 덕분에 강정의 아름다움과 소중함을 알게 된 거죠. 그런 점에서는 감사해야겠네요."

사실 김봉규씨는 강정이 고향이라서 그냥 좋고 소중하다고 느꼈을 뿐이지 구럼비의 생태환경이나 강정천 등의 붉은발말똥게, 층층고랭이, 연산호, 금빛나팔산호 등이 생물학적, 생태적인 가치가 그리 큰 줄은 몰랐다. 조상 대대로 살아온 땅이고, 이제는 귀향해 농부가 되었으니 농사지을 땅을 지켜야 된다는 일념하에 투쟁을 하고 있을 뿐이었다.

성인이 된 후 구럼비는 갑장들끼리 단합대회하는 장소였다. 음식도 준비하고 오랜만에 만난 친구들과 회포도 풀며 놀다 오는 곳이었다. 강정천에서 포구, 구럼비까지 해군기지가 들어서면 이런 추억은 물론 자연 풍광까지도 다 잃어버리는 거 아니겠냐고 했다.

반대대책위원회 활동가로서가 아닌 개인 김봉규는 어떻게 가정생활을 하고 있을까가 문득 궁금해졌다.

철두철미한 자기관리, 아이들과 아내에게 얻은 신뢰

그에게는 가족을 이끌어가는 나름의 원칙이 있었다. 반대투쟁을 하면서도 반드시 한 달에 한 번은 가족들을 위해 식사준비를 한다는 것. 메뉴도 물론 그가 정하고, 요리도 직접 한다. 김치찌개에서 짜장면, 버섯전골까지 다양하다. 일요일에는 농사 작업복을 벗고 식구들과 함께하는 시간을 가진다. 가까운 오름이라도 오르고 박물관 견학이라도 간다고 했다. 민박을 운영하는 아내와는 철저하게 업무분담이 되어 있어, 농사일만 미루지 않으면 어떠한 활동을 하더라도 간섭하지 않는다 했다. 지금까지는 한 번도 싫은 소리를 들은 적이 없을 만치, 철두철미하게 자기관리를 하는 사람이기도 했다.

이런 그에게, 농부로서 꼭 지켜내고 싶은 소망이 있다고 한다. '값싸고 맛있는, 친환경 귤을 생산해내는 농부'가 되겠다는 것. 그리고 농부에게도 연봉제 개념을 도입해 '6개월 재배'하고 '6개월 수확'하는 연중 생산체제도 마련해서 전문적인 과학영농을 하는 농사꾼이 되겠다는 것. 그러면서 덧붙인다.

"제주도는 관광의 시대가 지났습니다. 이제는 휴양의 도시가 되어야 합니다. 돈을 써도 아깝지 않은 곳, 이제는 관광이 아니고 휴양입니다. 강정이 바로 그런 곳이라고 생각합니다. 아니, 제주도 자체를 잘 보존해서 대한민국 누구라도 쉬고 싶을 때 찾아오고 싶은 그런 곳으로 만들어야 된다고 봅니다."

농부라기보다 강단에서 강의를 하는 선생 같다. 쉽고 막힘이 없으며 나름의 소신을 갖고 적당한 속도로 상대의 시선에도 굴복하지 않고 하염없이 이야기를 이끌어갔다. 그의 얘기를 듣다 보면 시간이 가는 줄 몰랐다. 그만큼 전달력이 좋고 호소력이 있었다. 진심 어린, 진정성 있는, 살아 있는 삶의 이야기라서 더욱 그럴 것이다.

그는 메모지에 뭔가 그림을 그렸다.

"이게 포구입니다. 포구 입구에 7, 8월이면 뱅어돔이 잘 잡힙니다. 조금 더 밖으로 나가면 8, 9월에 각재기와 방어가 잘 잡힙니다. 조금 더 나가면 따치와 농어가 잘 잡히죠. 어족이 참 풍부해요. 철마다 강정 사람들에게 찬거리를 제공해주던 고마운 바다인데……. 이 모든 것도 추억으로만 남겨야 되는 거죠."

잠시 말이 없다. 그러다가 이윽고 단호한 결심을 한 사람처럼 천천히 그리고 나지막하게, 싸움을 포기할 수는 없다고 했다. 어떻게 대응하는 게 옳으냐, 어떤 게 더 효율적 대응방법이냐 하는 게 가장 큰 고민이라고 했다. 힘든 게 뭐냐는 질문에 마을사람들이 분열된 거라고 했다. 반대를 하더라도 하나의 생각으로 묶어져야 하는데 조건부 수용을 하자는 쪽이 있다고 했다. 그런가 하면 조건부 수용이 되면 싸움에서 손을 떼겠다는 사람도 있어서 한목소리로 묶어내는 게 가장 시급한 과제라고.

99번 지더라도 1번 이기면 되는데……. 계속 지다 보니 해도 안 된다는 식의 패배주의가 사람들을 약하게 만들고 있다고 했다. 빠져나가는 주민들을 끝까지 설득하고 교육할 수 있는 워크숍이라든가 끝장토론이라든가……. 싸움에 대한 또다른 고민이 필요한 시기라고 보고 있었다.

과거보다 미래를 위한 싸움

"하지만 나는 이 싸움, 이긴다고 봅니다. 생각이 바뀌면 행동이 바뀌듯 서서히 그렇게 되리라 확신합니다. 이 싸움은 과거보다 미래를 위한 싸움입니다. 나보다 내 아들, 내 손자를 위한 겁니다. 그러므로 포기도 있을 수 없고 후회도 없습니다. 길게 갈 거라고 봅니다. 조급해하지 말고 계속 싸우다 보면 되지 않겠습니까? 그래서 초등학교 5학년 아들을 앉혀놓고 고향과 자연보전의 중요성을 이야기하면서, 해군기지는 절대 안 된다고 교육하고 있는 거 아닙니까?"

이제야 비로소 강정 힘의 실체를 알 것 같았다. 강정은 '노래'이자, '춤'이고, '축제'이며, 왜 강정이 '희망'인지도 알 것 같았다. 평화걷기대회 등 강정행사에 참여했던 사람이면 알 것이다. 춤과 노래가 어우러진 축제 마당의 분위기를. 싸움의 현장인지 놀이마당인지 분간이 안 갈만큼 흥겹기까지 하다는 것을. 그리고 김봉규씨처럼 내 아들 내 손자를 위해, 미래를 위해 싸우는 사람들이 있는 한 강정은 영원히 승리할 것임을.

인터뷰를 마치고 마을회관을 나오니 기세등등하던 한낮의 더위도 한풀 기세가 꺾여 있었다.

강정 1
— 붉은발말똥게

갑론을박 사각지대에

비워둔 말풍선처럼

불가피한 시간들이

뼈만 앙상해질 무렵

우,

두,

둑,

이빨을 갈며

집게발을

드는

너,

김영란
제주에서 태어났다. 2011년 조선일보 신춘문예 시조 부문으로 등단했다. 제주작가회의 회원이며, 21세기시조 동인이다.

들꽃

들꽃의 노래를 들어라!

글 ▷ 조미영

일요일 낮 의례회관 앞에 도착했다. 조용하니 어디에도 인기척은 없다. 모퉁이를 돌아서니 조그마한 컨테이너가 있다. 꽃나무와 들꽃들이 그려진 그곳에는 주인장이 벗어놓고 간 꽃신만이 나를 기다리고 있었다. 굳게 닫힌 문에는 드림캐처dream catcher가 걸려 있다. 아메리카 원주민들의 부적으로, 둥그런 원의 그물이 나쁜 꿈은 잡아주고 좋은 꿈은 통과시켜 깃털로 널리 퍼뜨려준다고 한다. 그 앞으로는 커다란 조개를 예쁘게 색칠하여 나비로 환생시켜 놓은 작품이 보인다. 그리고 그들 사이사이에는 "강정 평화"라는 메시지가 조용하지만 강하게 새겨져 있었다. 분위기만 봐도 이곳이 들꽃님이 거주하는 곳임을 알게 해준다.

얼마 뒤 들꽃님이 왔다. 이곳 젊은 여성 활동가들이 그렇듯 편안한 긴 치마에 작업 모자를 쓴 모습이다. 물감 등의 색칠도구를 가지러 마

들꽃의 숙소 방문에 걸려 있는 드림캐처

을회관에 다녀오는 길이었다.

"제 취미가 버려진 물건을 주워와 새롭게 활용하는 거예요. 얼마 전 주인 없는 탁자를 거리에서 발견해 갖고 왔는데 색을 다시 칠해 사용하려 해요!"라며 방긋 웃는다. 버려진 물건에 새 생명을 불어넣는 그녀는 그저 마음 따뜻한 소녀 같았다.

인형을 만들고 마을 곳곳에 예쁜 꽃을 그려넣으며 삭막해져가는 동네에 향기를 불어넣고 있는 그녀가 강정마을에 처음 온 것은 2011년 7월 31일이다. 문정현 신부님을 잠시 뵙고 인사를 드리러 왔다가 이렇게 꼬박 1년이 넘도록 여기에 머물고 있다. 그것도 단순 여행으로 혹은 휴양으로서가 아닌 이곳 강정마을을 지키는 지킴이로 활동하면서 말이다.

"처음 왔을 때는 구럼비가 있는 바닷가를 갈 수 있었어요. 바위 사이로 고개를 내민 들꽃이며 작은 골짜기를 만들며 흘러내리는 조그만 물소리며 모든 것들이 감동이었죠. 그런데 그 구럼비가 깨지고 박살나버린다는 거예요. 그건 도저히 용납할 수가 없었어요. 그곳을 지키기 위해 길목 진입로를 막아선 천막에서 생활을 시작했어요. 그러다 쫓겨나고 이동하고 하면서 지금은 이곳에 머물고 있어요."

초대받아 들어간 그녀의 조그만 방은 앙증맞은 인형과 소품들로 꾸며져 있었다. 아기자기한 그녀와 닮았다. 역시나 대부분의 물건이 주워온 것이고 그녀의 정성과 솜씨로 재탄생된 것들이었다. 양가집 규수처럼 수를 놓고 있었을 그녀에게서 우리가 상상하는 투사의 모습은 전혀 떠올릴 수 없었다.

"전 학교 다닐 때 아주 고지식한 모범생이었어요. 학교에서 귀밑 몇 센티로 머리카락을 자르라고 하면 그보다 더 짧게 잘라서 가고, 미리미리 예습을 하고 오라고 하면 꼭 그걸 지켜서 예습하고 가는 그런 학생 말이죠. 그리고 책을 무지 좋아해서 집 책장에 가득 꽂고 그걸 읽으며 행복해했었죠."

고지식하고 부끄럼도 많이 타던 그녀가 이렇게 용감한 활동가가 된 이유가 궁금해졌다.

"제가 원래 경기도 평택 사람이에요. 그래서 미군기지 이전 문제로

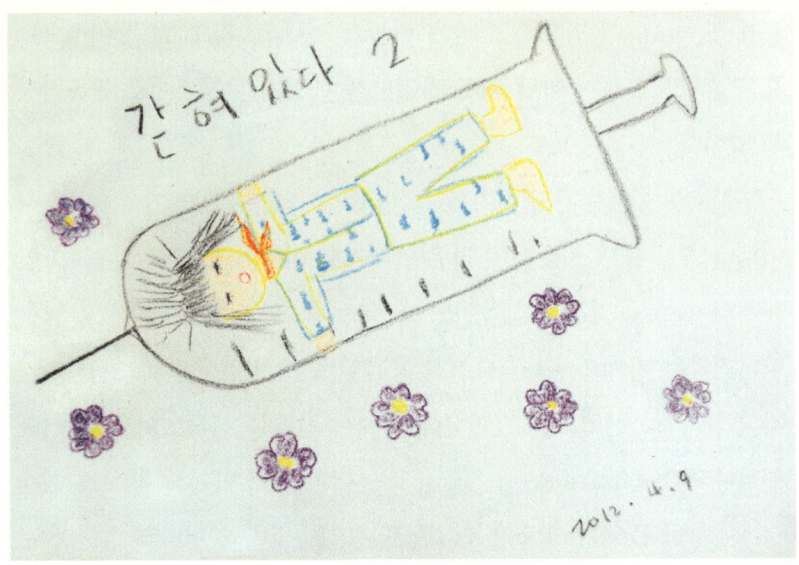
병원에 입원해 있는 자신의 처지를 그림으로 그려냈다.

불거지는 일들을 목격하게 되었죠. 그리고 대추리 사태를 경험하게 되었지요. 그때는 지금보다 수줍음을 많이 타서 뒤에서 조용히 인형만 만들었어요. 문정현 신부님은 평택역에서 처음 뵈었어요. 그곳에서 텐트를 치고 농성 중이셨거든요.

뇌종양을 앓던 아버지가 돌아가시고 맘이 너무 힘들었었어요. 거의 매일 산에 올라 울먹였죠. 공허함과 기댈 곳 없는 불안함 등이 컸었는데 아버지의 빈자리를 신부님에게서 대신 찾았어요."

문정현 신부님과의 인연으로 이곳 제주까지 오게 되었다던 들꽃님이다. 그리고 올봄(2012년 4월 6일) 문정현 신부님이 서방파제에서 추락하여 목뼈 등에 부상을 입는 일이 발생했다. 그리고 공교롭게도 같은 날 오후 그녀도 불법 유턴하던 차에 치여 병원신세가 된다. 기어코 신부님을 따라 같은 병원에 입원까지 한 것이다.

 신부님께서는 병상에서도 많은 방문자를 맞이하느라 쉬실 틈도 없었지만, 그녀는 병원에서의 생활이 퍽이나 답답했던 것 같다. 그녀의 그림일기에는 주사기에 갇혀 있는 모습의 자신이 그려져 있었다. "현장은 숨 가쁘게 돌아가는데 난 여기 누워 있다니……."

 그녀는 강정에 머무는 동안 틈나는 대로 그림일기를 그렸다. 그날의 기록은 물론 자신의 마음 상태 등을 그림으로 그려넣고 있었다. 허락을 받고 그림일기를 들여다봤다. 강정마을의 나무와 들꽃 그리고 마을사람들, 평화미사 모습 등이 그려져 있다. 그런데 병원에서의 생활기록 중간에 탐스런 케이크 하나가 떡하니 그려져 있다. 먹고 싶어서 그린 건 아닌 것 같은데?

 "병원에 입원해 있을 때 제 생일이 있었어요. 그날 고권일 위원장님이 이 케이크를 사다 주고 가시더라고요. 감동 받기도 하고, 너무 예쁘기도 해서 오래 기억하려고 먹기 전에 그려두었죠."

 워낙 바쁜 시간들이라 그날의 방문은 채 십 분도 되지 않았다고 한다. 아무도 없이 타지의 병원에서 생일을 맞던 상황이 어쩌면 참 서글펐을 텐데 케이크 하나에 마냥 좋아서 열심히 그림을 그려놓고 색을 입히고 있었을 그녀를 떠올려본다. 그런데 그림을 자세히 보니 '마약댄스'라는 말이 쓰여 있다.

고운 색을 입은 생일 케이크. 기쁘고 행복한
마음을 담고 싶었다.

"촛불문화제 때 유행가를 개사해서 노래와 율동을 하는데 제가 추는 그 춤이 중독성이 강해서 마약댄스라고 불린다네요. 저도 그날 처음 알았는데 얼른 자리 털고 일어나 그 춤을 춰야 한다고 하시기에 적어봤어요."(웃음)

그 후 그녀의 그림일기에는 들꽃들이 그려지기 시작했다. 입원했던 병원의 뜰에 핀 풀과 꽃을 그리다가 퇴원 후 강정마을의 작은 들꽃과 나비들을 그려넣기 시작했다. 심지어 도청 앞에서 시위를 할 때도 스케치북을 들고 가서 주변의 꽃들을 그리곤 한다.

"꽃을 그리며 병원 생활을 이겨냈어요. 그리고 구럼비가 품고 있던 꽃들을 생각해보니 꽃 이야기가 하고 싶어졌어요. 제주가 이렇게 아름다운 꽃의 섬이라는 것, 강정이 이렇게 아름다운 곳이라는 것을 꽃 이야기를 통해서 알리고 싶어졌어요. 이렇게 아름다운 것들을 지켜내야 한다는 공감대를 만들어내고 싶어졌어요. 하지만 아직은 부족한 게 많네요."

아주 정성스럽고 섬세하게 그려진 들꽃들은 작고 미약하지만, 기억되고 소중히 여겨져야 할 존재들임을 말해주고 싶은 듯했다. 그리고 그녀 역시 그런 들꽃들에게서 지금의 어려운 상황들을 극복하는 힘을 얻고 싶었던 것 같다.

이렇게 그녀의 그림 그리기는 또다른 시위방법으로 탄생하였다. 공사장 출입구 앞에 앉아 그림 그리고, 집회 현장에 참석해 그림 그리고, 그러고 있으면 경찰이나 용역들도 힐끔 쳐다본다고 한다. 해군기지 추진단 정문 앞에서 평화미사를 볼 때면 평화인사의 시간에 "용역에게도 평화를 빕니다."라고 외쳐대는 그녀는 그들도 사람인데 감정이 있고, 그러면 결국 마음이 움직일 수도 있지 않을까 하고 바라고 있다.

"차 사고로 병원에 입원해 있을 때 생각했죠. 뭔가 새로운 방법을 찾아야 한다고요. 공권력과 용역에 의한 폭력에 대항하는 데 힘이 부치다 보니 지금보다 효율적이고 평화로운 방법을 찾고 싶었죠. 그래서 악기를 배워야겠다고 생각했어요. 그래서 퇴원 후 무조건 하와이 민속악기 우크렐레를 구입했어요. 그런데 참 신기하게도 얼마 뒤 재

고길천 화백과 동료 활동가의 인형. 모두 한눈에 알아보겠다.

능기부에 의한 기타교실이 열리는 거여요. 무작정 악기를 들고 찾아갔죠. 선생님께서 제게 '이곳에서 우크렐레를 제일 잘 칠 수 있도록 해주겠다.'고 하시는 거여요. 그렇게 시작한 연습은 이제 삼매경에 빠져서 매일 끼고 살고 있답니다. 그러다 보니 요즘은 인형 만드는 일에 소홀해졌어요."

지금 그녀의 인형들은 마을회관 2층에 보관 중이다. 삼거리식당에서 점심을 먹고 돌아오다가 회관에 들러 인형들을 둘러보았다. 이곳 강정마을에서 활동하는 활동가들을 각기 특색에 맞게 만든 인형들이었다. 신부님은 물론 외국인 벤자민의 긴 곱슬머리와 두건을 쓰고 다니시는 조성봉 감독님의 모습, 미국으로 건너가 노엄 촘스키 교수를 만나 강정의 평화 메시지를 전달한 고길천 화백 등 모두 한눈에 알아보겠다.

"제가 만든 인형들을 보고 팔라는 사람들도 있는데 아직 팔아보지는 않았어요. 다 내 분신들 같아서 쉽지 않아요."

하지만, 요즘은 고민이 생겼다. 인형이 되었든 소품이 되었든 무언가를 만들어 팔아야 하는 상황이다. 활동가들의 자립을 위해서도 필요하지만 더 큰 문제는 법원에서 날아오는 벌금통지서들 때문이다. 들꽃님도 공사장 진입을 막았다는 이유로 300만 원 벌금형을 받고 재판이 진행 중이다.

"결국 우린 질질 끌어내어져 연행되고 건설회사 측은 겨우 5분 정도 공사 진행에 방해받은 피해를 이렇게 되갚더라고요. 이거 말고도 몇 건 더 있는데 얼마나 많은 벌금이 나올지 모르겠어요. 저만 이런 게 아니라 마을 분들과 활동가들 중 많은 사람들에게 이런 벌금이 부과되고 있어요. 그런다고 그게 무서워 우리가 그만두지는 않을 건데……. 세상에는 정의가 있고, 누군가는 그 가치를 인정해줄 그런 날이 오지 않을까요?"

2012년 9월 현재 강정 주민과 활동가들을 상대로 진행 중인 재판은 58건이다. 그리고 부과된 벌금만 3억6천만 원이 넘는다. 이 가운데 2억 원가량이 이미 납부되었고, 항소심에 계류 중이거나 아직 재판이 진행되지 않은 사건들의 벌금을 합하면 이보다 훨씬 많을 것으로 예상된다. (향후 100여 건의 고소고발 사건이 추가로 결과를 기다리고 있다.) 대부분은 공무집행방해와 업무방해 등의 혐의로 적게는 20만 원에서 많게는 천만 원이 넘는 액수의 벌금형에 처해져 있다.

이런 막대한 액수의 벌금형이 그들에게 부담이 되고 있는 것은 사실이다. 하지만, 이는 경제적으로 일시적인 억압을 주는 데 그치지 않는다. 이로 인해 사람들은 그 부당함에 항의하며 더욱더 연대하게 된다.

누군가를 도와주는 삶을 살고 싶었다던 들꽃님! 하지만 어렸을 때는 그 꿈을 이룰 방법이 막연했었고, 현실의 삶에 허덕이다 보니 그럴 겨를 없이 지내왔던 시간이었다. 그런데 지금 이곳에 와서 지킴이로 활동하며 그 삶을 약간이나마 실천하는 것 같아 좋단다.

"처음에는 어떤 커다란 사명 같은 거였는데 결국 이건 내 안의 평화를 찾는 일이었어요. 그게 차고 넘쳐서 우리의 평화, 세계의 평화가 되겠다라는 생각을 최근 들어 하게 되었죠. 그런데 그게 아직은 부족해서 전파가 안 되나 봐요. 그래서 마음공부를 더 해야겠다는 생각을 하게 돼요."

이런 열정으로 인해 그녀는 주소지를 아예 강정으로 옮겨놓은 상태다. 평택 집과 그곳에 사는 가족들은 어떤 반응인지를 물었다.

"제주에 내려와 있는 일 년 동안 두 번 집에 다녀왔어요. 추석에 한 번, 설날에 한 번. 추석에 가서는 엄마에게 제주에 가서 산다는 말씀을 드리고 필요한 짐을 챙겨오느라 다녀왔고요. 설날에 가서는 겨울옷을 갖고 왔어요. 그동안은 담요를 돌돌 말고 다녔거든요.

사실 엄마가 허락해주신 건 아니었어요. 그렇게 강정이 좋으면 가서 살라는 엄마의 말씀이 전 진심인 줄 알고 마음 푹 놓고 내려왔는데 나중에 보니 화나서 하신 말씀이셨더라고요. 가족들에게는 약간 미안하죠. 그래도 감귤철에는 한라봉도 보내드리고 했어요."

이번 9월 초순에 평택에 다녀올 일이 있어 집에 들르고 올 예정이라고 한다. 그래서 난 아예 추석까지 지내고 오라고 권유했다. 하지만 그녀는 그전에 와야만 한다고 한다. 활동가들을 옥죄는 각종 소송들을 그녀 역시 피해가지 못하고 있었다. 9월 중 재판이 있었다. 그리고 여기를 너무 오래 비워두면 그사이 무슨 일이 벌어질지 모른다는 염려스러운 마음도 한몫을 한다. 그리고 언제부턴가 강정을 떠나 있으면 이곳이 너무 그리워진다는 이유가 하나 더 보태졌다.

나는 그녀의 호적상 이름도 나이도 모른다. 하지만 묻지 않았다. 그건 그리 중요한 것이 아니다. 그녀는 이곳에서 들꽃 혹은 들풀로 불린다. 어느 게 맞느냐고 묻는 내게 "들꽃도 맞고, 들풀도 맞아요. 꽃이 폈다 졌다 하니까요. 꽃이 피면 들꽃, 꽃이 지면 들풀이 되죠." 하고 답한다.

내가 인터뷰했던 들꽃님에게서 소위 말하는 친북좌파세력의 느낌은 티끌만큼도 없었다. 단지 그녀는 제주도의 작은 마을 강정을 아주 많이 좋아하고 있고, 이곳의 상황이 너무 안타까워 그걸 막아보려고 노력하는 중일 뿐이다. 그런 그녀에게 누군가는 돌팔매를 던지고 있고, 많은 도민들은 무관심으로 일관하고 있다. 죄는 누가 짓고 있는 것일까?

여름 깊은 밤.
달빛 받은 구럼비의 살결이 희끄레 드러난다.
조심스레 발걸음을 떼어 바다와 맞닿은 곳에 이르니
바위틈에서 샘솟은 물이 고여 조그만 웅덩이를 만들고 있다.
발을 담그고 앉아 바다를 바라보니 바다가 하늘인 양 하늘이 바다인 양,
층층 진 구럼비 바위를 타고 내리는 물이 작은 폭포수 같다.
선녀의 목욕탕이 이보다 더 근사할소냐?
문득 몸을 감아야겠다는 충동이 일었다.
멀리 거리에는 일렬로 선 가로등이 보초병처럼 지키고 있다.
인적은 물론 희미한 자동차소리조차 들리지 않는다.
홀렁홀렁 벗어던지고 물웅덩이에 빠져들었다.
낮 동안 묵혔던 땀내가 사르르 씻겨 나간다.
참 신기하게도 차지도 미지근하지도 않은 물은 적당히 시원하다.
얼굴만 삐죽이 내밀고 앉아 하늘을 올려다봤다.
간간이 드러나는 별들과 바다 위 고기잡이 어선의 빛이 어우러져 반짝인다.
주변을 둘러보았다.
구럼비 바위가 그 큰 팔을 길게 펼치고 나를 감싸 안은 듯하다.
구럼비의 자궁과도 같은 이 웅덩이에서 내가 한없이 편안했던 이유다.

구럼비는 단순한 돌덩어리 바위가 아니다.
강정 사람들에게 구럼비는 그리고 구럼비 앞바다는 어머니와도 같은 존재다.
바위를 친구 삼아 놀았고, 젖을 먹듯 샘솟는 물을 마셨고,
구럼비 앞자락의 여를 의지해 해산물을 채취하며 삶을 살아왔다.
몇 만 년의 땅과 바다를 품어온 결실을 사람들에게 내주었던 바위다.
그랬던 구럼비가 부서지고 으깨지며 사라져가고 있다.
어머니를 잃는 자식들이 어찌 아니 몸부림치겠는가?
강정의 저항은 존재의 근원을 지키고자 하는 애달픈 마음이다.

콘크리트 무덤에 갇혀버리는 구럼비와 함께 내 추억도
그리고 그들의 무수한 삶의 흔적도 같이 묻혀버리고 있다.

구럼비가 품은 작은 생명들

그 생명들도 같이 사라져가고 있다.

조미영
제주에서 나고 자랐다. 제주4·3연구소 연구원으로 활동했다. 최근에는 여행을 다니며 글을 쓰고, 문화 행사 등의 기획 일을 하고 있다. 저서로는 단행본 《낯선 눈으로 보다》가 있다.

양홍찬

인간의 기술이 아무리 좋아도
자연 앞에선 무력하다

글 ▷ 김경훈

　지난 9월 9일에 양홍찬 전 강정마을 해군기지 건설반대 대책위원장을 만났다. 비가 부슬부슬 오는 저녁 무렵이라 식당을 정하고 해물뚝배기에 소주 한 병을 주문했다. 술을 안 한다길래 혼자 마셨다. 참 우스운 그림이다. 질문자는 꼴짝꼴짝 소주를 마시고 상대방은 식사를 하며 조목조목 답변을 한다. 어질고 진지하며 차분하고 논리적이다. 먼저 태풍피해 상황부터 물었다. 큰 피해는 없다고 한다. "백합 하우스 비닐 조금 날아가버린 정도"란다.
　강정마을에서 땅을 빌려서 백합 하우스 1400평을 했었다. 그 땅이 해군기지에 수용당하면서 영농손실 보상금을 받고 안덕면 상창리에 땅 2천 평을 사서 다시 농사를 시작하고 있다. 상창리 땅값은 비교적 싼 편이었다. 그러나 토질은 강정을 따라올 수 없다. 겨울철에는 땅이 얼기까지 한다. 보상금은 얼마를 받았는지 단도직입적으로 물어보았다.

"저 같은 경우에는 땅이 없으니까 토지보상 자체는 못 받았습니다. 우린 영농손실 보상. 우리 백합 하는 사람은 수출한 기록이 농협에 있습니다. 그 매출액 기록에 따라서 농어촌공사 보상 관련규정에 명확하게 나온 부분이니까 인정을 해줍니다. 매출액에 대해서 100% 적용되는 게 아니고 매출액 2년치 평균에 소득률을 곱해서 주게 되어 있습니다. 또 저는 하우스 1천 평에 양액시설이 있었는데 그에 대한 보상을 받았습니다."

2009년 7월경에 강정마을 해군기지 부지의 토지들이 강제로 수용당했다. 국방부로 전부 소유권이 이전되고, 연말 이후에야 수용된 토지에 대한 보상을 받았는데 그것도 토지주들이 많이 버틴 것이라고 했다. 곧바로 해군은 주민들을 밀어내고 부지 일대에 펜스를 휘둘러 설치했다.

처음으로 대책위원장을 맡다

지난 2007년 4월 26일, 강정마을 전 회장 윤○○은 불과 87명이 참석한 가운데 만장일치 박수로 해군기지 유치를 결의했다. 행정과 해군은 강정마을에 있는 자생단체를 전부 포섭하고 있었다. 해녀회, 어촌계, 노인회, 청년회 등이 전부 넘어가버려 조직적인 반대운동을 할 여지가 없었다.

"어쩌면 하늘의 운명인지 모르겠습니다만, 저 같은 경우에도 농사만 지었지 전혀 이런 거는 생각지도 못했었는데……. 초기에 반대했었던 분들이 몇 사람 있었는데 그분들이 안타까운 심정에 우리 교회 다니는 몇 사람과 뜻 있는 청년들을 모아 의논하기 시작했지요. 지금은 막혀서 갈 수 없지만 구럼비에 있는 저의 농장 창고에서 29명인가 모여서 첫 모임을 가졌습니다. 거기서 저가 나이가 제일 많다고 해서 위원장으로 선출되었습니다."

2007년 5월 18일, 제주도의회 도민의 방에서 기자회견을 하고 반대대책위가 공식 출범했다. 대책위는 당시 누가 봐도 명분이 있는 부분을 요구했다. 그 요구사항이 다음의 일곱 가지이다.

첫째, 찬반 전문가를 모셔서 설명회를 듣자.
둘째, 찬반 전문가한테 우리가 궁금한 사항을 물어보자.
셋째, 찬성·반대 주민 동석, 전문가, 언론 포함해서 전국 해군기지를 실사하자.
넷째, 주민들에게 보고하자.
다섯째, 주민투표를 하자.
여섯째, 결과에 승복해서 일을 같이 도모하자.
일곱째, 해군기지 추진을 중단하고 만약 추진할 때는 의논해서 하자.

일곱째 사항은 사전에 프린트된 것이 아니라 현장에서 제시된 것인데, 당시 마을회장 윤○○은 이 일곱째 사항만 받아들인다고 했으면서도 단 한 번도 지키지 않았다고 했다.

평화적인 방법으로 저항하자

"저는 기본적으로 싸움에 있어서 방법은 절대 평화적이어야 한다고 봅니다. 왜냐면 우리 주장이 아무리 명분이 있다 하더라도 행동 자체가 폭력적이면 안 된다. 우리 주장이나 행동이 명분이 있어야 우리를 도와주지 그렇지 않으면 안 된다. 또 저는 교회에 다니는 사람으로서 폭력적인 방법은 저 자신이 용납이 안 됩니다.

같은 마을 안에서 해군기지 찬반으로 갈려서 싸울 생각을 하니까 며칠간 잠을 자지도 못했습니다. 그래서 우리 주장 자체도 평화적으로 하고, 반대 주민들한테 절대 찬성 주민들 욕하거나 하지 말라고 했습니다. 특히 해녀 분들도 해군기지가 이 지역에 들어와서 나빠질 걸 알면 나중에 다 반대할 거니까 절대 욕하지 말라고 그렇게 했습니다."

그러나 행정이나 해군에서 강정마을 주민 전체에 대한 의견을 듣지도 않은 상태에서 일부 찬성하는 주민들만 회식이다 여행이다 향응을 제공하며 마을을 쪼개는 것은 도저히 해서는 안 될 일이었다. 평화를 지키는 데 군사력이 일정부분을 차지하는 것은 현실적으로 수긍한다 하더라도 이렇게 목적을 위해서 절차를 무시하는 것은 안 된다고 마음을 다잡았다. 민주주의 국가에서 주민의 뜻을 한 번도 안 물어보고 뒤통수를 치는 것은 용납할 수 없는 일이었다.

"처음에 우리는 반대 주민이 많은지, 찬성 주민이 많은지 감을 잡을 수가 없었습니다. 그래서 마을 주민들의 뜻을 알아내는 것이 중요한 사항이라고 생각해서 반대 유인물을 제작해서 나눠주었습니다. 우리가 계획적인 반대운동을 하려 해도 주민들의 지지가 없으면 불가능한 것이기 때문입니다. 그러다가 한번 승부수를 걸어볼 만하다는 판단을 했습니다. 주민투표를 했을 때 적어도 5:5 이상은 되겠다 하는 생각이 들었을 때 마을회 규정에 의해서 마을총회 소집을 요구했습니다."

마을총회를 요구하다

마을총회 소집에 대한 규정에는, "회장이 총회를 소집할 때, 마을 운영위에서 총회를 소집할 때, 또 마을 주민 20인 이상의 서명을 받고 총회를 소집 요구할 수 있고, 마을회장이 총회 소집을 안 할 경우에는 감사가 소집해서 의장이 된다"는 조항이 있다. 그러나 마을회는 총회 소집을 요구하는 대책위에 보낸 문건을 통해 "마을회 향약의 규정에 의거하여 운영회를 통과해야 한다"는 주장만 하면서 총회 소집을 거부하였다. 대책위는 그 문건조차 행정에서 작성한 것을 마을회가 꼭 두각시처럼 따른 것이라고 보고 있다. 결국 마을총회는 부결되었다. 그래도 대책위가 다시 총회 소집을 요구하자 마을회는 총회 무효소송을 법원에 낸다.

"재판이 붙었는데 재판장이 우리 측 피고한테는 한 마디 얘기도 안 하고 윤○○ 마을회장 원고 측에게 '왜 법원을 귀찮게 허느냐. 마을일을 가지고 마을주민들이 요구하는 대로 총회소집 해버리면 될 거 아니냐. 왜 이런 걸 가지고 와서 법원을 귀찮게 허느냐.'면서 그냥 기각시켜버렸어요. 그래서 7월에 법원이 인정한 총회를 열어서 윤○○ 마을회장을 해임시키고 강동균 신임 마을회장을 선출했지요."

2007년 8월 20일에는 마을 유권자 1200여 명 중 725명이 참가한 해군기지 찬반 주민투표에서 680명(94%)의 압도적인 표 차이로 해군기지 반대를 공식 의결하였다. 그후로 공식적으로 강정마을의 해군기지 반대 입장을 알리고 대외적으로 활동할 수 있는 근거를 마련하였다.

투표함 날치기 사건에 대해

"그 마을총회가 6월 19일로 기억됩니다. 총회를 앞두고 윤○○ 마을회장 집에서 유덕상 환경부지사를 비롯해서 도청 공무원들, 김형수 시장과 해군이 매일 대책회의를 했습니다. 윤○○네 집 앞 도로에 승용차가 어마어마하게 길게 늘어설 정도였지요.

우리가 총회 준비를 마을 의례회관에서 하는데 저녁 한 7시쯤에 해녀들이 4열종대로 걸어들어옵디다. 그러더니 갑자기 해녀들이 와~ 허게 달려나와서 투표함을 탈취해서 다 달아나버렸습니다. 어느 마을이 마을총회 하는데 여자분들이 와서 그렇게 할 수가 있는 건지. 이건 아마 대한민국 역사상에 없을 겁니다. 평소엔 마을회의에 전혀 참석 안 하던 여자들이 이렇게 한 건 행정에서 동원시켜서 한 겁니다.

나중에 알고 보니까 강정천 다리 옆 충혼묘지 쪽에 경찰 닭장차가 두 대가 와서 대기하고 있었답니다. 폭력을 유도해서 다 잡아가려고, 조기에 끝내버리려고 한 거겠지요. 당시에 인터넷에 나온 사진들을 보니까 그 현장에는 경찰들이 있었고 해군에서 나온 사람들이 있었고 도에서 나온 사람들도 있었습니다. 작은 마을의 총회를 하는데 국가권력기관들이 와서 이렇게 헌다는 게 이미 짜고 치는 뭐가 아니고 무엇이겠습니까."

강정은 '작전지역'이었다

강정 주민들은 처음에는 해군기지가 화순으로 가기 위한 징검다리 역할을 하는 작전일 것으로 받아들였다. 그러나 김태환 전 지사는 이미 강정을 작전지역으로 삼고 있었다. 김태환 지사는 4월 8일 컨벤션센터 라이온즈클럽 총회에 참석했다가 대포횟집에서 강정마을 윤○○ 전 회장 등과 대면을 했다. 이 자리에서는 어떤 이야기가 오갔을까?

강정마을 운영회의 자료에는 모 운영위원이 "이미 도에서는 위미로 정하지 않았느냐. 이제 신청하면 받아주겠느냐?"고 묻자, 윤○○ 마을 회장이 "지사가 이제 신청해도 받아준다고 하더라"는 내용이 나와 있는 것을 보면 충분히 그 내용을 유추할 수 있다. 그후에 4월 24일에는 유덕상 환경부지사가 해군아파트 단지를 서귀포 신시가지 쪽에 짓겠다고 한 내용이 언론에 나온다. 이것은 제주도에서 이미 해군기지를 강정으로 확정한 것으로 볼 수밖에 없다.

"또 여론조사 로드맵을 발표한 이후 해군에서는 윤○○ 전 마을회장과 대천동 주변 마을을 전부 돌면서 찬성여론을 높이는 일을 했습니다. 용흥동 같은 경우에는 해군에서 해군의료단들이 의료봉사 활동을 하기도 했고요. 이건 우리가 나중에 다 현장에서 확인한 사실입니다. 그러니까 도와 해군에서는 강정마을을 이미 작전지역으로 정해놓고 작전을 한 겁니다. 이게 해군기지 문제의 절차적인 측면에 있어서 제일 나쁜 일입니다. 마을에 공개적으로 설명회도 단 한 차례도 열지 않으면서 이렇게 물밑작업만 하는 게 말이 안 되는 거지요. 이게 소위 말하는 학습효과라는 겁니다. 해군이 화순이나 위미에서 실패한 경험을 살려 강정에서는 아주 주변 마을 책임자를 싹 포섭해버린 겁니다. 그러니까 강정이 완전히 작전지역이었다는 겁니다.

당시 김태환 지사가 선거법에 걸려 있지 않았습니까? 그런데 검찰에서 확보한 결정적인 증거가 영장 없이 수집한 거라서 문제가 되었지요. 관행상 그 증거도 인정을 해서 1, 2심에서는 유죄판결이 났잖아요. 그런데 대법원에서 그걸 완전히 무시하고 김태환을 구제해준 겁니다. 이 자체가 그의 정치생명을 강정 해군기지와 바꾼 것이지요."

이 대목에서 술잔을 들었다. 김태환 지사 주민소환 운동을 할 때가 얼핏 생각났다. 주민투표 하러 갔을 때 투표소 입구에서 어슬렁거리던 공무원들의 비웃음 섞인 눈빛도 떠올랐다. 나는 화제를 돌려 왜 대

책위원장 자리를 내놓게 되었는지 물었다.

"우리가 반대활동 기자회견을 하면서 '이렇게 아름다운 경관을 파괴할 수 있느냐, 4·3의 아픔을 극복하고 평화의 섬으로 지정해놓고 해군기지를 건설하느냐, 주민의 알 권리를 무시하지 말고 설명회라도 해야 될 거 아니냐'는 등 정당한 요구를 내걸고 했습니다. 진짜 열심히도 하고 순수하게 했는데 한계라는 게 있습디다.

싸움이 계속 밀리고 후퇴만 하다 보니까 새로운 변화를 필요로 하게 된 겁니다. 그래서 집행부를 교체해서 새로운 분위기에서 새롭게 출발하는 측면에서 인적 쇄신을 논의한 겁니다. 또 개인적으로는 몸이 안 좋은 상태에서 처음부터 반대위원장을 했는데 도저히 버틸 체력 자체가 안 되었습니다. 그래도 어쩌면 그런 과정에서도 잘 버텨온 거라고 생각합니다."

4·3 당시 조부님 희생

양홍찬씨는 조부가 4·3 당시 희생된 아픈 가족사를 갖고 있다. 1950년 6월 6일 위원장의 조부인 양종국이 무장대의 습격에 희생되었다. 다음은 당시 관련 신문기사이다.

【중문지국 발】중문면 강정리에서는 지난 7일 남제주군수 서귀포경찰서장 이하 관공서, 사회단체 대표 등 다수 참석하에 지난 6일 야夜10시경 전주 전선 순찰 중 강정2구경 일주도로변에서 잠복하고 있던 무장공비 수명의 저격으로 불행히 순직한 한청원 양종국梁宗國, 윤시찬尹時贊, 강경생康庚生의 3주柱의 영령에 대한 고별식을 엄숙히 거행하였다 한다. - '순직 한청원韓靑員 고별식 엄수', 제주신보 1950년 8월 11일

"할아버지는 현장에서 총 맞아서 돌아가시고, 다른 두 분은 죽창에 찔린 후에 집에 와서 돌아가셨다고 합니다. 저의 부친께선 중학교 3학년 때 할아버지가 총에 맞아 가슴이 뻥 뚫린 모습을 직접 봤다고 합니다."

그런 기억 때문에 해군기지 반대활동에 대해 부친의 입장이 부정적

이지 않은가를 물었다.

"부친은 철저하게 국가안보를 위해선 어떤 희생도 마다하지 않는 주의입니다. 당시 무장대의 총에 부친이 희생당한 것을 생생히 보셨기 때문에, '국가안보를 위해서 해군기지를 건설하겠다는데 왜 반대냐'며 답도리를 하기도 했습니다. 그러나 우리가 주장하는 것이 잘못된 것이 아니라는 것을 알고는 이제는 많이 이해해주시는 편입니다."

군사기지에 관한 입장을 묻다

〈헤드라인 제주〉의 기사(2012년 9월 7일자)에는 제주해군기지가 기본적으로 미국의 요구에 의해서 설계된 것으로 되어 있다. 민주당 장하나 의원이 해군본부에서 만든 시방서의 내용을 폭로한 것이다. 또 고 노무현 대통령은 '제주해군기지는 행정의 의지와 관계없이 가고 있다.'고 말한 바도 있다. 이는 결국 제주해군기지가 미군기지라는 말이 된다. 그의 입장을 물었다.

"저가 생각하기로는 그런 부분이 우리나라 입장에선 상당히 무시하기 힘든 부분일 겁니다. 현실적으로 안보라는 부분에 있어서 미국의 힘이 필요한 건 사실이니까. 여기에 항공모함이 들어오는 거는 2008년도 2월 20일 날인가 해군이 중소기업센터에서 건설업자들 모아놓고 설명회 할 때 자기네 입으로 분명히 얘기했습니다. '항공모함이 정박할 수 있도록 건설하기 때문에 크루즈선 정박하는 거는 문제가 없다'고요. 자기네 입으로 사실상 시인한 것이기 때문에 빼도 박도 못하는 거지요.

어차피 한미 소파협정에 의해서 한국의 군사기지는 미국에서 자동으로 이용할 수 있지 않습니까? 그러나 우리나라 국가적인 이익 차원에서 과연 아무리 미국의 압력이 있다손 치더라도 제주도에 군사기지 설치는 아니라고 생각하는 겁니다."

제주도에 군사기지가 필요한가를 원점에서 논의해야

"제주도는 국방이라는 단순 개념의 군사기지로 사용되는 거보다도 종합적인 안보라는 개념으로 접근해야 한다고 봅니다. 안보라는 게 단순히 군사력만을 말하는 건 아니지 않습니까? 주변국과의 외교, 경제, 문화 등 이런 종합적인 교류를 통해서 생존 전략 차원에서 제주도를 이용하는 것이 더 효과적이지 않느냐, 동북아의 군사력 감축 등 제주도를 평화의 섬으로서 국가 차원의 안보라는 개념으로 사용하는 게 더 이익이지 않느냐, 제주도의 군사기지는 그런 논의를 거친 후에 해도 늦지 않다는 것이 제 생각입니다.

저는 우선 그거부터 논의가 돼야 된다고 생각합니다. 본토로부터 지원받을 수 없는 먼 곳에 군사기지를 건설하는 것은 침략을 당했을 때 함락되기가 쉽다, 또 제주도는 적의 본토를 공격하기 위한 전투기지가 될 것이다, 그러면 이거는 오히려 안보에 역행하는 것이다, 이런 것이 저의 생각입니다. 제주는 단순 국방 차원으로 접근할 지역은 아니라고 봅니다. 문제해결에 있어서 제일 주된 것은 과연 제주도에 군사기지가 필요한가를 전문가 차원에서 논의해야 한다는 겁니다."

아무리 사람의 기술이 좋다고 해도 자연의 힘 앞에서는

"이번 태풍 볼라벤으로 해군 시설물들이 많이 파손되고 했습니다만, 우리도 이 부분을 처음부터 해군 측에 제시를 했습니다. '여기 태풍 올 때 한번 와서 봐라. 여기 파도치는 거 보면 겁날 거다.' 또 언젠가 기무사 직원이 왔길래 '저 범섬하고 저 옆에 작은 섬을 봐라. 저 남쪽에 나무가 없지 않느냐. 밑에까지 나무가 있는데 저기는 없는 이유를 아느냐, 파도칠 때 와서 봐라. 태풍 불 때 범섬 위에까지 파도가 올라간다. 저 썪은섬 저거는 그 위에까지 파도가 덮친다.'고 하자 나한테 거짓말한다고 합디다.

저가 보기엔 아마도 공사하면서 많은 난관에 부딪힐 겁니다. 그런데 해군들이 허는 얘기는 '지금은 기술이 워낙 좋아서 문제가 없다.'고 합디다. '그럼 태풍 불 때 어떻게 할 거냐.'니까, 태풍 불 때는 함정들이 다 진해나 부산으로 올라가면 된다 합디다. 그러면 이게 무슨 기지입니까? 이건 무리한 추진이고 무리한 공사입니다. 국민의 혈세는 낭비되고 환경은 파괴되고 국방엔 도움이 안 되고. 해군도 속마음은 '이건 아니다' 하고 있을 겁니다. 단지 명령 체계에서 어쩔 수 없이 움직이는 것이겠지요. 아무리 사람의 기술이 좋다고 해도 자연의 힘을 무시하며 도전하는 데는 한계가 있습니다. 결과적으로 도지사가 말하는 '윈윈윈'이 아니라, 국가도 손해, 제주도도 손해, 강정도 손해일 뿐입니다."

마지막 한 잔을 입에 털어넣을 때는 인터뷰 시간이 이미 2시간 반이 넘고 있었다. 밖은 아주 어두워져 있었다. 위원장의 차를 얻어 타서 삼거리식당에서 내렸다. 위원장의 친구인 삼거리식당 주방장 김종환 형과 간단히 술 한잔을 나누었다. 여전히 비는 추적추적 내리고 있었다.

자존을 위하여

누가 강정이 4·3 아니라고 하는가

눈 못 감고 죽어간 영령들이
부릅뜬 눈으로 강정을 호곡하고 있는데

누가 감히 강정을 4·3 아니라고 말하는가

4·3에서 평화와 인권을 배웠다는 이들이여
인권이 낭자히 유린되고 평화가 유혈로 깨지는데

왜 강정은 4·3이 아니라고 하는가

제주의 자존自存이 구겨진 휴지처럼 뒹구는데
방관과 안일로 역사의 무덤을 파는 자들이여

그 무덤엔 후손들이 풀 하나 뽑지 않을 터이니
4·3을 거느려서 화해와 상생을 말하지 말라

왜 강정이 4·3인지도 모르는 이들이여

김경훈
1962년 제주에서 태어났다. 1992년 《통일문학 통일예술》에 시를 발표하며 문단에 나왔다. 시집으로 《삼돌이네 집》, 《돌멩이 하나 꽃 한 송이도》 등이 있다.

이영자

구럼비의 바우덕이

글 ▸ 한진오

스무 살 산골처녀 바다를 만나다

이 바당 저 바당 구럼비도 우리 바당
이 바당 저 바당 새별코지도 우리 바당
아름다운 우리 바당 해군기지가 웬 말이냐
갠~지 개갠지 개갠지개갱~
개갠지 개갠지 개갠지개갱~

절창이다! 멧부리에 부딪치는 파도를 닮았고, 구럼비에 샘솟는 물줄기를 닮았다. 그 절절한 목소리의 주인공을 만난 밤, 해묵은 악기들이 그윽한 울림을 숨긴 민속보존회 사무실은 왠지 모르게 처량해 보였다. 밤마다 북 장구 소리가 그칠 날이 없었다던 그곳에서 이영자 어머니의 사연을 듣는 내내 가슴께에 뭉툭한 것이 응어리지는 것 같았다.

세월의 더께가 어머니의 얼굴에도 켜켜이 쌓였지만 물명주처럼 맑은 눈망울과 보조개며 가냘픈 몸매는 앳된 소녀의 모습 그대로다. 말끝에 어쩌다 미소를 보일 때면 도대체 어디에서 쇳소리 같은 절창이 터져나오는지 궁금해진다.

몇 해 전 강정마을에 해군기지가 들어온다는 소문이 흉흉할 때 내가 속한 풍물굿패 신나락이 나선 적이 있었다. 강정을 위해 우리가 할 수 있는 게 뭔가 고민하다 마을 곳곳을 도는 걸궁을 치기로 작정했다. 그리하여 일강정민속보존회를 이끄는 어머니를 만났고, 진종일 걸궁을 돌면서 신명을 달궜다. 그 뒤로 지금까지 여러 차례 합굿을 치면서 나름 가까워졌는데 몸으로 부대끼던 굿쟁이 두 사람이 대화로 만나니 괜스레 머쓱한 기분이 들었다. 어떤 말로 물꼬를 틀까 망설이다 겨우 입을 뗀 첫 질문은 가장 뻔한 것이었다.

"고향이 어디꽈?"

"나? 난 저기 영동, 충북 영동."

흠칫 놀랐다. 강정 사람과 결혼해 들어온 근동 분인 줄만 알았는데 고향이 뭍이란다. 그것도 비릿한 소금바람 한 점 불지 않는 내륙이라니.

"전 제주 사람으로만 알았는데. 언제 내려와수과?"

"이제 사십육 년 됐지. 우리 아저씨 만나서 내려온 게."

어머니의 짤막한 결혼 사연을 들으며 잠시 머릿속으로 시간여행을 했다. 가죽잠바에 맘보바지를 입고 단발머리를 찰랑거리는 스무 살

처녀를 처음 본 무지럭 섬 총각의 마음은 어땠을까? 남편이 어떤 분인지는 잘 모르지만 그이도 사내다. 내가 그이였어도 한눈에 반해 어떻게든 매달렸을 게 분명하다. 아무튼 그 남편께선 일곱 살이나 아래인 갓 스물의 아가씨를 사로잡는 데 성공했다. 마음 같아선 더 듣고 싶었지만 어머니는 쑥스러우셨는지 "우리 아서씨는 놀기 좋아하는 멋쟁이"란 말 말곤 두 분의 연애담을 더는 꺼내지 않았다.

'육지 것'에서 '강정 사람'으로

예상대로 신혼 초기는 힘들었단다. 산골처녀가 섬마을에 시집을 왔으니 발에 채이고 눈에 밟히는 것마다 낯선 풍경 아니었겠는가.

수도가 없던 시절이라 제주살이의 가장 중요한 일과는 물을 길어오는 일이었다. 뒷간을 누구도 대신 가줄 수 없는 것처럼 제주 사람들의 물 장만은 언제나 스스로 해결해야 하는 과제였다. 아침저녁으로 물허벅을 지고 큰내에서 물을 긷고 오는 일이 서툴러 허벅을 여러 번 깨먹자 시어머니는 핀잔을 하셨단다. 풀이 죽은 아내를 안타깝게 여긴 멋쟁이 남편이 어렵사리 손전등을 장만해 물 긷는 길을 밝혀주며 '허벅은 이렇게 지는 거다' 가르쳐주셨다니 두 분의 정이 얼마나 도타웠을까는 짐작하고도 남는다.

시댁은 농사를 크게 짓는 집이었다. 제주에서 농사를 짓는다는 건 규모가 크건 작건 돌밭을 일궈야 하는 고된 일이다. 뭍과 달리 제주는 한라산이 불을 뿜으며 여러 차례 땅을 구운 터라 돌만 지천인 것도 모자라 흙에 찰기가 없어 농사만큼 어려운 일도 드물다. 가뜩이나 시댁은 보리농사도 크게 하고, '검질 짓은 청케논'으로 강정에서도 소문난 청케에서 논농사도 크게 하고 있었다. 그뿐이 아니었다. 어머니가 시집올 무렵부터 붐이 일기 시작한 감귤농사까지 벌였으니 그늘수건엔 언제나 땀 냄새가 사라질 날 없었다.

사정이 이렇다 보니 주위 사람들은 어머니를 걱정 반 호기심 반으로 지켜봤다. 고된 농사일과 힘든 살림살이, 거기에 덤으로 얹어진 낯선 풍속까지. 솔바람 한 줌에도 날아버릴 것처럼 가냘픈 육지 비바리가 얼마를 버티겠는가 하며 지켜보는 일이 마을 사람들의 주된 관심사였다. 그도 그럴 것이 어머니의 이야기대로라면 육지에서 처음 들어온 여인이었던 탓에 사람들이 신기하게 바라볼 만도 했다. 처음 들어왔다는 기준은 애매하다. 아마도 1960년대 육지 사람들의 제주 러시가 한창일 때 강정마을에 처음으로 시집왔기 때문에 그렇게 불리는 것 같다.

아무튼 예로부터 육지에서 온 사람들에게 갖은 고초를 겪어온 과거지사가 있고, 더욱이 4·3이라는 대학살의 와중에 육지 토벌대들에게 시달린 기억이 채 아물지 않은 제주 사람들에게 어머니는 '육지 것' 중의 하나일 뿐이었다. 그러니 주위 사람들은 살갑게 반기는 일도 없었고, 그렇다고 대놓고 외면하는 일도 없었다. 말 그대로 소 닭 보듯 지켜만 볼 뿐이었다. 그런데 웬걸. 마을 사람들의 예상은 여지없이 빗나가고 말았다. 처음에는 늘 힘에 겨워 가까스로 버티던 육지 비바리가 아이 낳고 한 해 두 해, 해를 거듭할수록 억척스러워지는 게 아닌가. 더욱 놀라운 것은 강정 토박이들보다도 능숙한 솜씨로 갖은 일을 척척 해나가니 누구든 혀를 내두르지 않는 사람이 없었다. 이쯤 되자 마을 사람들은 누가 먼저랄 것도 없이 오랜 이웃처럼 다가왔고 어느 날부턴가는 오히려 어머니가 마을의 대소사까지 앞장서서 이끄는 처지가 돼 있더란다.

손끝이 야무지고 매사에 딱 부러지는 사람으로 인정받게 되면서 어머니는 강동균 마을회장의 모친께서 마을 부녀회장직을 맡을 때 그이의 눈에 들었단다. 젖먹이 첫애 들쳐 업고 팔을 걷어붙인 모습이 무척이나 당차게 보였던 모양이다. 마을부녀회의 임원으로 뽑혀서는 봉사활동에도 누구보다 열심히 임했다. 그렇다고 가정살림에 소홀하지도 않았다. 정미소 사업에 뛰어든 남편을 돕는 것도 모자라 오히려 직접 공장 일을 도맡았다. 강정 여인들 중에 경운기를 맨 처음 운전하기 시작한 이도 어머니란다. 도정한 쌀과 보리를 운반하려면 당시에는 경운기만 한 게 없었다고 한다. 강정이 어떤 곳인가. 물이 귀해 밭농사 일색인 제주에서 논농사로 이름난 곳이다. 그 때문에 제주의 속담 중에 '제일 강정, 제이 번내, 제삼 도원'이란 말이 있을 정도다. 강정이 논농사로 으뜸이고, 오늘날의 화순이 버금가는 곳이다. 지금은 무릉과 신도 두 마을로 나눠진 도원이 그다음 차례를 잇는다. 추수철이면 산더미처럼 쌓인 나락 가마니를 한 가득 싣고 제일 강정 신작로를 달리는 '영자의 경운기'를 떠올리니 영화 속의 여전사 같다는 생각이 든다.

호미를 놓고 꽹매기 채를 쥔 손

'육지 것'에서 강정 사람으로의 변신은 어머니의 타고난 천성을 발휘하는 마당을 펼친 격이었다. 어떤 일이라도 마다않고 덤벼들고, 또 시작하면 기어이 끝을 봐야 직성이 풀리는 성격을 누차 강조하는 걸 보면 순한 외모와 왜소한 체구만 보고 만만히 여겼다간 된통 혼나기 십상이겠다. 그동안 해군기지 반대투쟁에서 어머니가 보여준 몇몇 장면만 떠올리더라도 어머니의 그런 성격은 알고도 남는다.

바야흐로 '영자의 전성시대'가 본격적으로 열린 건 강정마을 부녀회장을 맡으면서부터였다. 어머니의 기억으로는 89년인가 90년 정도였다고 한다. 어머니는 여러 가지 사업을 시도해 야무지게 처리해내며 주위의 칭찬을 받으면서도 한 가지 고민을 안고 계셨단다. 비록 인구가 적고 시골에 가까운 서귀포였지만 문화적 격차는 엄연히 존재했다. 번화가인 도심과 달리 반농반어의 시골 마을인 강정 여성들에겐 각박한 노동의 피로만 있었지 그것을 풀어낼 어떤 수단도 없었다. 번화한 동네 여성들은 YWCA를 비롯한 각종 단체에서 취미와 여가를 즐기는데 자신을 포함한 강정 여성들은 그런 기회조차 얻지 못하고 있다니. 이 문제를 어떻게든 해결하고 싶어 동분서주하며 방법을 찾던 중에 만나게 된 것이 바로 풍물이었다. 이거다 싶었다. 사실 영동이 고향인 어머니는 어려서 정월대보름 어간이면 꽹과리를 들고 "어여라 지신아 성주지신 울리세" 하며 성주지신풀이를 멋들어지게 부르던 마을 상쇠의 따님이시다. 어릴 적 아버지를 쫓아 깨끼춤을 추며 오

금을 들썩였던 기억이 새록새록 피어오르자 곧바로 작전에 돌입했다.
 부녀회의 동의를 얻은 뒤에는 마을 노인들을 찾아 예전에 걸궁을 쳤던 이야기를 채집했고, 풍물을 가르쳐줄 선생을 수소문했다. 모든 준비를 마치고 처음으로 풍물을 배우게 된 날, 악기라고는 노인회에서 빌려온 다 떨어진 허드레 장구와 물이 새는 뒤웅박 같은 북 하나가 전부였다. 그래도 신명은 사당패 못지않았다. 이가 없으면 잇몸이랬다고 라면박스, 아이스박스, 엇비슷하게 두드릴 수만 있는 물건이라면 죄다 쓸어 모아 불야성의 밤을 줄창 이어갔다. 일주일에 한 번 선생이 와서 가르쳐주면 어머니는 꽹과리뿐만 아니라 다른 악기까지 꼼꼼하게 배웠다가 다른 날 저녁이면 자신이 나서서 사람들을 가르쳤단다. 그렇게 풍물을 배우는 동안 장단을 외우려고 입장단을 얼마나 외

쳤던지 옥구슬처럼 고왔던 목소리가 쇳소리처럼 쉰 소리로 변했다고 너스레를 떠는 걸 보면 나 또한 굿쟁이라 얼마나 미쳤었는지 짐작이 가고도 남는다.

　부녀회 풍물패 활동이 성공가도를 달리기 시작하자 입소문이 주위에 나면서 마침내는 서귀포시 승격 행사의 축하공연을 의뢰받게 되었다. 시의 지원으로 악기와 복색을 장만하고 보란 듯이 신명난 굿판을 펼쳤다. 폭발적인 반응을 얻고 마을로 돌아오자 온 동네 사람들이 저도 끼워달라며 벌떼처럼 모여들었다. 부녀회원이 아닌 것은 고사하고 몇몇 남자들까지 몰려왔으니 풍물패는 이내 40명이 훌쩍 넘는 대규모 공연단으로 성장했다.

　이들의 성장을 당사자 못지않게 흐뭇하게 여긴 시청에선 당시 제주도에서 최고로 꼽히는 한라문화제의 경연대회에 출전하라고 권해 왔다. 사실 행정에선 주민들 스스로 꾸리고 즐기는 자생력을 키워주기보다는 시의 치적으로 내외에 알리려는 속셈이 강하지 않았겠는가. 어쨌거나 부녀회 풍물패는 수락했고, 한라문화제에 처녀 출전한 팀이 1등을 거머쥐는 신기원을 이룩했다. 달리는 말에 날개를 달았으니 그 열기가 오죽했겠나. 급기야 부녀회 풍물패가 아니라 일강정민속보존회로 재탄생했으니 어머니조차 예상치 못했던 성과를 올린 것이다.

　곧 죽어도 민속보존회인데 변변한 연습실조차 없어서 이리저리 전전하는 곁방살이 신세를 계속해서야 되는가 하는 볼멘소리들이 쏟아졌다. 다시 어머니가 팔을 걷어붙여 시청을 비롯한 여러 곳에서 지원을 받아내 장마철이면 물이 새 출입을 꺼려하는 어촌계 사무실을 개축

해 번듯한 공간을 마련했다. 그곳이 지금의 민속보존회 사무실이다.

신명난 걸궁판에 날 새는 줄 모르고

구색이 제대로 갖춰지고 각종 행사에 초청되어 공연을 다니게 되자 어머니는 또 다른 보따리를 끌러놓았다. 어릴 적 보았던 아버지의 지신밟기를 잊지 않은 것이다. 강정마을의 화합과 안녕을 기원하는 걸궁이야말로 민속보존회가 해야 할 가장 큰 임무라며 해마다 걸궁을 칠 것을 제안하자 모든 이들이 맞장구를 치며 반겼다. 마을 노인들은 아스라한 추억을 들먹이며 걸궁은 이런 거다 저런 거다 훈수까지 두셨다.

걸궁이라. 말 난 김에 하는 이야기인데, 사실 제주도는 소위 풍물굿이라고 하는 다른 지방의 그것이 없었던 곳이다. 대신에 마을마다 심방(무당을 이르는 제주 고유어)이 있어 마을굿을 치르는데 강정에서도 예외 없이 본향당을 중심으로 '대신맞이' 굿을 크게 벌여왔다. 본향당 굿을 할 때에는 어김없이 거리굿을 펼치는데 이때 심방들이 악기를 치면서 집집마다 찾아가 액막이를 해주는 모습이 육지의 풍물과 비슷하다고 볼 수 있다. 몇 해 전에 돌아가신 강정마을의 큰 심방 고 박남하 선생께서도 이런 경험이 있었다고 말씀하신 바 있다.

강정마을 노인들이 걸궁을 운운하신 것은 60년대 초반에 마을에 전기를 들여오고자 기금을 마련하기 위해 뭍이 고향인 사람 중에 경험이 있는 사람들을 중심으로 걸궁패를 꾸려 지신밟기를 했던 시절을 떠올렸기 때문일 게다.

　이유야 어떻든 전혀 없었던 것도 아니었고, 해서 도움이 되면 됐지 손해 볼 일이 아니니 누구 하나 반대하는 사람이 없었다. 막상 시작하게 되자 명색이 걸궁패의 상쇠인 어머니는 일을 벌여놓긴 했는데 지신밟기를 어떻게 해야 되는지 몰라 걱정이 됐다. 그렇다고 시름만 할 성격인가. 여기저기 탐문을 다니다 나중에는 절까지 찾아가서 스님에게 독경까지 배우셨단다. 아무리 생각해도 책임감 하나는 누구도 따르지 못할 분이다.

　이렇게 시작된 강정마을 걸궁은 연례행사가 됐고 해를 거르는 일 없이 정월이면 잔치판이 이어졌다. 어찌나 신명이 넘쳐났는지 아침 여덟 시께에 시작하면 밤 열한 시가 넘어서야 끝이 났단다. 그렇게 온 동네 사람들이 너나 없이 난장을 벌이고 놀았다니 해군기지란 괴물이 나타나기 전까지 강정마을은 마을공동체의 교과서라고 불러도 손색이 없는 곳이었다.

　민속보존회의 존재기반이었던 마을 걸궁, 어머니에게도 걸궁은 가장 중요한 일이었고, 보람 있는 일이었다. 그런데 지금은 그 걸궁이 사라졌다. 해군기지 문제가 불거지면서 민속보존회 내부에서도 찬반이 갈리기 시작했고 먹돌처럼 단단했던 마을공동체에 금이 생겨났다. 더는 함께 걸궁을 치지 못하게 된 것이다. 반대하는 사람들이 대다수인지라 집회나 문화행사가 있으면 어머니가 이끄는 풍물패가 터줏대감처럼 나서서 걸궁을 치지만 언제나 가슴이 시리다. 불과 6년 전만해도 그렇게 함박웃음 지으며 신명을 나눴던 이들인데 이제는 반목하는 사이가 되었으니.

이것이 어머니로 하여금 "이 바당 저 바당 구럼비도 우리 바당"이라는 피울음을 토하게 만드는 이유다. 어느 날인가 도청 앞에서 집회를 하던 중에 가슴이 너무나 북받쳐서 저도 모르는 소리가 불쑥 튀어나온 것이 어머니의 레퍼토리가 되었다. 누구한테 배운 소리도 아니고, 남몰래 갈고 닦으며 연습한 소리도 아니다. 분통이 터지고 울화가 치밀어서 내뱉는 비명이며 통곡이 이런 절창이 되었다.

어머니는 스스로도 자신은 아주 보수적인 사람이었다고 말한다. 국가가 하는 일이라면 무조건 믿고 따르는 것을 당연한 것으로 여겨 누구보다 열심히 공공사업에 임했었다고 한다. 마을 부녀회장에서 대천동 부녀회장으로, 다시 서귀포시 부녀회 활동까지 열성을 다하면서 정부의 시책이라면 언제나 앞장서서 맞이했다. 노태우 대통령 시절에는 '새 생활 새 실천 경진대회'에 참가해서 청와대까지 초대받아 사례 발표를 할 정도로 타의 모범이 되는 일등국민(?)이었다. 시장, 도지사, 새마을여인상 등 정부에서 받은 표창장만도 수두룩하다.

이런 사람이 달라졌다. 속고만 살아왔다는 걸 깨닫고는 분이 치밀어 잠을 못 이루신다. 해군기지 문제만 아니었다면 여전히 속으며 살고 있을 거라며 쓴웃음을 짓는다.

이 바당이 누구 껀디, 죽어져도 싸울 거여

조심스럽게 질문을 던졌다.
"게난 해군기진 무사 반대해수과?"

어머니의 대답 속에 해군기지를 끌어들여 사달을 일으킨 전 마을회장이 주인공으로 등장했다. 해군기지 이야기가 처음 나올 당시 마을회의 임원이 어머니까지 포함해서 여덟 명이었다고 한다. 어머니는 워낙 리더십이 있고, 신망을 얻는 터라 당시 마을회장이 은근히 견제하고 있었단다. 이를테면 마을의 공공사업을 진행할 때 어머니는 공정하게 원칙을 강조했고, 당시 마을회장은 이런 어머니를 눈엣가시처럼 여겼다. 해군기지 유치를 놓고 첫 임원회의가 열릴 때 어머니는 임원 몇 사람이 졸속으로 처리할 문제가 아니라며 혼자서만 회의에 불참했다. 아닌 게 아니라 그 문제가 사달을 일으키자 어머니는 당연히 반대를 외치게 된 것이라고 한다.

어머니는 문제가 된 그 첫 번째 회의 이야기를 꺼내놓고는 후회가 된다고 속내를 털어놨다. 그때 자신이 그 회의에 참석해 끝까지 물고 늘어졌으면 지금 같은 일이 벌어지지 않을 수도 있었을 거란다. 그러면서도 이왕에 지난 일이니 후회만 하며 앉아서는 안 된단다. 이제는 끝장을 볼 것이다, 해군기지가 전면 백지화될 때까지 힘들어도 끝까지 싸우겠다며 목소리에 힘을 넣는다. 어머니는 이런 사람이다.

깊은 밤 어머니와 이런저런 이야기를 나누는 동안 머릿속에 전설처럼 전해지는 여인이 떠올랐다. 남사당패의 전설 바우덕이, 가난한 농투성이의 딸로 태어나 숟가락 하나 덜기 위해 어린 나이에 남사당패에 팔려간 여인이다. 줄타기, 살판, 덧뵈기, 풍물, 버나, 꼭두각시놀음까지 남사당의 다섯 재주를 두루 익혀 걸출한 광대가 된 바우덕이는 사당패와 달리 남자들로만 이루어진 남사당패에서 잔뼈가 굵은 것도 모자라 그들의 우두머리인 꼭두쇠가 되었다.

바우덕이의 재주가 얼마나 뛰어났던지 이런 노래까지 전해진다.

안성 청룡 바우덕이 이름만 들어도 돈 나온다.
안성 청룡 바우덕이 소고만 들어도 돈 나온다.

경복궁 중창으로 조선 조정이 반쯤은 무너져갈 무렵이었다. 광대놀음 좋아하는 대원군이 소문만 들었던 바우덕이를 대궐로 불러 재주를 감상하고는 자신의 옥관자를 떼어주며 정3품 벼슬까지 내렸다고 한다. 그런 일화가 아니더라도 지지리 못나고 미천한 광대들을 이끌며 뭇 백성들의 심금을 달랬을 바우덕이의 행적은 민중의 영웅감이다. 이영자 어머니가 그 바우덕이를 닮았다. 쇳소리에 생명과 평화의 염원을 담아 강정 바다를 지키는 구럼비의 바우덕이가 우리 곁에 있다.

구럼비의 바우덕이 이름만 들어도 생명이 넘친다.
구럼비의 바우덕이 꽹매기만 들어도 평화가 넘친다.

할마님 그때 낸 법으로

오늘 오늘 오늘이라 날도 좋아 오늘이라
할마님 나술 적은
해도 달도 없던 시절이라
비비둥둥 젯북소리로 천지일월을 마련하고
창해 중에 섬 하나 지으셨네
그 섬에 숨을 넣어 불 뿜는 산 돋우셔
샂된 기운 불천수하니
만 생명이 가슴에서 솟아났네
천지굿 다하신 연후에
더운 피 물이 되고 고운 살결 흙이 되고
마디 마디 열두 뼈는 돌이 되고
내 온몸이 산이 되고 섬이 되리로다
할마님 맑고 맑은 그 육신 그대로
섬이 되어 꿈에 드신지 억겁
태초에 지으신 뜻 그대로
그때 낸 법지법 지켜온 지 억겁
낮이 이레면 밤도 이레라
괴괴한 어둠이 할마님 속살을 파헤치니
이제 그때 낸 그 법 다시 세우실 때라
오늘 오늘 오늘이라
할마님 긴 잠에서 깨어나
불 토하는 산 아구리 여는 날
그날이 오늘이라 날도 좋아 오늘이라

한진오
1969년생. 장구채를 잡던 광대의 손에 붓대를 잡고 영화와 다큐멘터리 시나리오를 쓰기 시작한 지 예닐곱 해 가까이 되었다. 「산호수 이야기」, 「다모라」, 「다큐멘터리 유배」, 「다큐멘터리 나비의 꿈」 등을 썼다.

이영찬 신부

묵주알 속의 평화

글 ▷ 김진숙

"강정에 평화, 구럼비야 사랑해!"

백발의 신부가 외치는 쩌렁쩌렁한 목소리가 울려 퍼진다. 공사장 펜스 너머 구럼비 바위까지 들리도록 더 큰 소리로 외친다. 아픔을 다독이는 목소리. 젖어 있다.

참, 미안한 길이다. 가끔 찾아가 발만 동동 구르다 오던 길. 모든 것을 다 제쳐두고 강정으로 달려온 사람들에게 참 미안한 길이다.

머리와 말로 하는 평화가 아니다. 강정은 온몸으로 말한다. 아침부터 저녁까지 공사장 앞에서 평화를 기원하고 평화를 노래한다. 공사장으로 들어가려는 레미콘을 막기 위해 길바닥에 앉아 꿋꿋하게 버티는 것. 공권력을 동원하여 문제를 해결하려는 해군과 경찰은 길 위의 성자들과 주민들을 함부로 잡아끌고 바다로 내팽개친다. 항의하는 주민들과 지켜보는 사람들의 울부짖음과 분노. 강정은 주저앉아 울고 또 운다. 그리고 다시 일어난다.

강정은 희망을 노래한다. 강정의 어르신부터 주민들, 평화지킴이들, 그리고 힘없고 아픈 사람들 곁을 지키는 신부들은 누군가의 절망을 희망으로 바꾸기 위해 행동한다.

강정, 제주의 작은 마을이 평화운동의 중심에 있다. 오랜 싸움으로 바람에 찢기고 올이 풀린 노란 깃발들, 상처투성이가 되어버린 강정마을처럼 성한 깃발이 하나도 없다. 몇 년째 내건 깃발이 저럴진대 사람은 어떠랴. 해군기지 백지화 싸움과 생업을 함께해나가야 하는 마을 주민들은 잘게 부숴지고 시멘트로 뒤덮인 구럼비 바위들처럼 힘들고 지친 하루를 보내고 있다. 그 곁에 길 위의 신부들이 있다.

아름답고 따뜻한 연대. 문정현 신부와 더불어 예수회 김성환 신부, 김정욱 신부, 박도현 수사, 이영찬 신부……. 그리고 매일같이 뜻을 함께하는 수녀들과 신자들이 강정을 응원하고 강정 주민들의 마음을 위로하고 함께하고자 한다.

이영찬 신부와 인사를 나누는데 팬시리 목소리가 커진다. 미안함의 표현이다. 오늘도 하루 종일 뙤약볕에 앉아 공사장에 들고 나는 레미콘 차량을 막기 위해 모든 에너지가 바닥이 났을 이영찬 신부. 힘들고 지친 일과를 끝내고 휴식을 취해야 할 시간, 이런저런 말씀을 여쭙기가 송구하다.

이영찬 신부는 2011년 7월부터 제주 강정마을과 인연을 맺고 다른 예수회 수도자들과 함께 강정마을 주민으로 살고 있다. 올백으로 넘긴 희끗희끗한 머리칼, 안경 너머 보이는 날카로운 눈빛, 그 눈빛 속에 신부의 따스함이 녹아 있다. 마을 주민들과 가벼운 농담을 주고받을 만큼 편안한 모습이면서도 강건한 카리스마가 풍긴다.

파스 냄새가 짙다. 오늘은 어깨가 많이 아파서 물리치료를 받고 왔다고 한다. 한의원 다녀오는 길에 미장원을 운영한다는 자매가 내민 약이라며 털털하게 웃는 이영찬 신부. 이제는 강정마을 주민이 되어 허물없이 지내는 그의 하루가 그려진다.

평화의 노래를 부르며 설거지하는 소리가 참 따뜻하게 들려오는 저녁이다. 첫 운을 떼는 신부의 목소리에서 담담하지만 강한 울림이 전해온다.

"작년 7월이죠. 그냥 놀러왔다가 눌러살게 되었습니다. 구럼비에 펜스를 치기 전 보름 동안 구럼비에서 텐트를 치고 살았죠. 무엇이 문제인지를 알고 싶었습니다. 그곳에서 보낸 보름이란 시간이 저를 이곳에 있게 했죠. 평화의 섬, 제주도에 건설되는 해군기지는 관광과 환경에 치명적일 뿐만 아니라 천주교 사회교리에도 정면으로 위배됩니다. 상생과 공존, 공동선의 논리가 바로 천주교 사회교리의 핵심입니다.

해군기지가 들어가 발전한 도시는 하나도 없습니다. 강정마을을 꼭 지켜내야 한다고 생각합니다. 생활에 다소 불편함은 있었지만 정부와 해군의 불법적인 탄압을 받아온 마을 주민들의 고통에 비하면 나의 불편은 아무것도 아니었죠. 내가 여기 와서 무엇을 할 것인지 생각해본 적은 없습니다. 외롭고 힘든 싸움을 하고 있는 이곳 강정 주민들과 함께하는 마음이 있을 뿐입니다."

가톨릭 신앙의 핵심은 하느님 나라 건설입니다. 모두가 서로 섬기며 인간답게 사는 것이 하느님 나라입니다. 해군기지는 전쟁기지입니다. 무기를 증강하면서 하느님 나라를 건설할 수 없습니다. 총칼을 통해서 평화를 찾으려는 것은 반복음적입니다.

— 2012년 6월 14일 강론에서

모두가 사람답게 사는 것. 전쟁을 부추기고 방어를 명분으로 하는 무력증강은 평화를 담보하지 못한다. 무기가 아닌 평화만이 정의를 실현하고 사람답게 살 수 있다고 했다.

외로운 싸움을 해온 강정 주민들과 함께하겠다는 생각은 '레미콘 신부님'이라는 별명을 훈장처럼 달게 했다. 첫 단추부터 잘못 채워진 불법 공사, 절차적 정당성을 무시하고 허울뿐인 민군복합 관광미항을 내세우며 공사를 강행하는 것을 도저히 지켜볼 수 없었다. 수차례 해군기지 공사의 불법성이 강조된 상황에서도 공사는 강행이 되었고 이것을 막기 위해 이영찬 신부는 레미콘 차량 위에 서슴없이 올라가 연좌시위를 했다. 건물 2층짜리 높이의 레미콘 차량에서 강제 연행되는 과정에서 추락의 아찔한 순간도 여러 번 있었다. 공사를 강행하려는 군과 경찰의 무력에 맞설 무기는 맨몸뿐.

착한 사마리아인이 되고 싶다

"강정은 강도를 만난 마을입니다. 어느 날 국가로부터 자신들의 삶을 도둑질당한 마을이죠. 강도 만난 사람들에게 착한 사마리아인이 되고 싶습니다." 했다. 이영찬 신부가 들려준 착한 사마리아인 이야기는 다른 사람의 고통과 불의를 그대로 침묵하고 방관하는 것 또한 하나의 죄가 된다는 것이다.

"어떤 사람이 여리고로 가다가 강도를 만나 가진 것은 다 빼앗기고 많이 맞아 초주검이 되었습니다. 그런데 그런 그를 보고, 성직자가 그냥 지나쳐버렸고, 레위인도 그냥 지나쳐버렸습니다. 그런데 사마리아인이 그것을 보고 그를 치료하고 여관으로 데려가 재워주고, 여관 주인에게 돈까지 주면서 그를 돌봐줄 것을 부탁합니다. 뿐만 아니라 돈이 더 들면 돌아올 때 갚겠다고 하면서 떠났지요.

착한 사마리아인 법이란 본인이 급한 상황이 아니라면 위급한 처지에 있는 사람을 구하는 것을 강제하자는 법입니다. 즉, 위급한 상황에 있는 사람을 방치했을 때 처벌하자는 법이죠. 현대 사회에서 점점 심해져가는 무관심 문제를 해소하자는 것입니다. 이를 통해 정이 있고, 더불어 사는 사회를 만들어가자는 것이지요."

누가 이웃인가, 바로 도와준 사람이 이웃이다. 함께 있다는 것 하나만으로도 힘이 나지 않는가. 강정 주민들의 힘들고 외로운 싸움을 보면서 제주도 남쪽 바다 작은 마을에서 벌어지고 있는 일이 이곳 강정 주민들만의 문제가 아니라 생각했다.

신부의 길을 걷다

이영찬 신부는 서강대 69학번으로, 수학을 전공하는 학생이었다. 어려서부터 독실한 가톨릭 집안에서 성장했다. 신부가 되고자 결심을 한 것은 학교를 졸업하고 군대에 가 있을 무렵이었다.

"내 생명이 무엇 때문에 주어졌는지에 대해 깊이 생각했습니다. 나에게 주어진 삶이 전공인 수학이나 한 여자를 위한 것이라고 생각하니 너무 아까웠습니다. 진리를 위해 산다면 생명이 더 가치 있을 것이라 생각했죠. 그렇게 선택한 것이 '예수회'라는 수도회입니다."

신부가 되는 길에는 두 가지가 있다. 고등학교를 졸업하고 신학교를 가는 방법, 또 하나는 수도회에 들어가는 것이다. 수사 신부를 지망해 수도회에 들어가려면 군대를 다녀와야 하고 4년제 대학 졸업 이상의 학력, 수련 기간 2년, 철학 공부 2년, 실습 기간 1~2년, 신학공부 4년 등 10년 정도의 양성과정을 거쳐야 한다.

요즘 사람들에게 공부가 성공과 좋은 스펙을 쌓기 위한 것이라면 신부들은 '남 주기 위해서' 오랜 시간 공부를 하는 셈이다.

'어떻게 살 것인가'에 대한 깊은 사색이 결국 그를 예수회로 이끌었다. 예수회는 공동체적 삶을 지향한다. 1977년에 예수회에 들어간 그는 수련기간 동안 부천 소사 지역의 철거민 마을 '보금자리'에서 함께 생활했다. 역사적으로 당시는 많은 도시빈민을 양산할 수밖에 없는 사회적 구조를 가지고 있었다.

산업화 과정에서 많은 사람들이 살기 위해 도시로 몰려들었고 가진 것 하나 없는 사람들이 살 곳은 비좁고 허름한 달동네 무허가 주택이었다. 그마저도 도시개발 과정에서 강제로 쫓겨나기 시작했다. 사람답게 사는 일이 가난한 사람들에게는 힘들고 지친 시절이었다. 도시빈민들의 절망 가운데서 신부는 그들과 함께 밥을 먹고 그들의 벗이 되어주고자 했다. 예수님처럼 사는 것이 곧 진리이며, 그것은 고통받는 이들과 함께 사는 것이라 했다.

1984년 서울 영등포구 신길동 '이냐시오의 집'이 운영상의 어려움에 처하자 이영찬 신부가 맡게 되었다. 시설을 정비하고 뜻을 같이하는 봉사자를 모았다. 대부분 중풍, 정신박약, 관절염, 뇌성마비 등으로 몸이 성치 않은 무의탁의 사람들을 돌보며 그들과 함께 생활했다.

가난하고 소외된 사람들과 함께 살며 '그게 바로 예수님처럼 사는 것'이라 생각했다. 87년 사제서품을 받은 후, 폐쇄 위기에 놓인 열악한 시설에서 함께 생활하면서 공동체 운동을 이끌었다. 중국 난징에서의 1년, 미국 아그네스 본당 신부로서의 4년 후, 그는 지금 강정마을 주민들과 함께 있다. 대다수의 사람들이 반대를 했음에도 진행되고 있는 불법공사 앞에 힘없는 주민들의 묵묵한 벗이길 자처한 사람, 이영찬 신부가 걸어온 이야기를 들으며 그가 강정에 와 있는 이유가 명쾌해졌다. 그는 자신이 있어야 할 곳을 너무 잘 아는 분이었다.

미국부터 가난해져야 세상에 평화가 온다

'생명평화'라는 소중한 가치를 생각하게 하는 오늘, 그 중심에 강정이 있다. 잃어보지 않고서는 소중함을 모르는 것들이 우리 주변에는 많다. 아름다운 자연이 그렇고, 소중한 사람이 그렇고, 평화가 그렇다. 이영찬 신부가 생각하는 평화는 그랬다.

"평화는 서로 함께 살려고 하는 데서부터 가능하죠. 너희는 희생하고 우리만 잘 살겠다고 하면 평화는 존재하지 않습니다. 그런데서 부터 집단이기주의라는 말이 나오는 것이죠. 물질적인 집단이기주의에서부터 힘의 논리가 나옵니다. 대부분의 권력자들이 의존하는 것 또한 힘이고 총칼입니다.

힘의 논리로 전세계를 밀어붙이고 있는 것이 미국이고 중국입니다.

평화유지군이란 가면을 쓰고 자국의 이익을 위해 몹쓸 짓을 하고 있는 나라가 바로 미국입니다. 미국은 전세계가 1년 동안 사용하는 재화의 대략 60%를 사용하고 있죠. 그것은 불의고 불공평입니다. 공정하지 못한 것이죠. 미국부터 회개해야 합니다. 남의 나라에게 무기를 팔아먹고, 남의 나라 착취하고 다국적기업을 보내서 돈을 쓸어 담는 미국부터 가난해져야 세상에 평화가 옵니다.

신앙에서는 평화를 근본적으로 하느님과의 화해라고 봅니다. 하느님의 정의를 받아들여야만 이루어지죠. 그것은 구체적으로 상생과 공존입니다. 나만 잘사는 것이 아니라 못사는 사람도 잘살 수 있도록 도와주는 것. 모두 같이 서로 걱정해주고 굶는 사람이 있으면 나눠주고 인간이 인간답게 살 수 있도록 서로 돕고 자기가 희생하고 100을 가지고 50은 나눠주고 그러는 데서 상생과 공존은 가능하죠."

하느님 믿고 '배 째라 영성' 가져야

다른 사람의 아픔을 느끼고 어루만질 줄 알아야 세상은 좀 더 따뜻해지고 평등해진다. 닳고 닳아버린 평화 감수성을 깨우기 위해 많은 사람들이 팔월 뙤약볕 아래서 걷고 또 걸었다. 이영찬 신부는 지난 7월 강론에서 "하느님께서 우리를 돌보아주신다는 믿음, '배 째라 영성'이 필요하다"고 했다. '그래, 할 테면 해봐라, 절대 물러서지 않겠다'는 강한 의지의 표명이다. 신부의 직설화법이 재미있다고 하자 소탈하게 웃는

다. 맨몸으로 공권력의 폭력에 맞서는 것은 두려운 일이다. 수도자라 해서 왜 힘들고 주저앉고 싶지 않겠는가. 예수회 수도자의 구속, 계속되는 연행과 부상 등 숱한 아픔의 시간들이 있었다.

"유치장에 들어가서 읽던 책이 최인호의 《유림》입니다. 조선시대 조광조에 대한 이야기입니다. 임금은 군자가 되어야 백성이 어질고 평화롭다고 합니다. 지금의 현실에 비추어 보면 너무나 절감하는 말입니다. 대통령은 상식이 있고 인덕이 있는 사람이 되어야 합니다. 플라톤은 '정치가는 철학공부를 해야 한다'고 했습니다. 철학이 없는 사람들, 돈 중심, 물질만능주의, 경제우선주의가 앞서서는 안 됩니다. 그래서 국민들도 책임이 있습니다.

돈 중심이 아니라 도덕성 회복입니다. 나는 종교인으로서 복음성 회복은 바라지도 않습니다. 도덕성 차원만이라도 회복하자. 거짓을 하면 거짓을 했다고 밝혀지고 따져지는 세상이 되어야 합니다. 복음적 차원은 더 높은 차원입니다. 남들의 행복을 위해 자기를 희생하는 삶입니다. 우리도 여기서 남들의 행복을 위해서 나를 희생하는 예수의 삶을 흉내내고 있는 것입니다.

신부는 예언직의 사명을 가지고 있습니다. 예언직이란 진실을 알리는 것입니다. 지금 예언직을 행하지 않는 성직자를 보면 마음이 아픕니다. 복음성을 회복하고 민주주의를 회복하기 위해 우리 모두는 예언직의 수행을 잊지 말아야 합니다."

길 위의 미사는 계속된다

　구럼비 해안에서 올려지던 생명평화미사가 제주해군기지 공사장 정문 앞으로 옮겨져 매일 오전 11시에 봉헌되고 있다. 그동안 끊임없이 제기해온 많은 문제점에도 불구하고 국책사업이라는 미명하에 해군기지 공사는 공권력의 비호 아래 강행되고 있다. 무리한 진압 과정에 '예수님의 몸'이라고 하는 영성체가 훼손되는 일까지 벌어졌다. 성직자들에 대한 경찰 측의 태도 또한 유례가 없는 일이다.

　평화순례의 길은 고단하고 힘든 길이다. 누군가 품에 안겨주는 것이 아니라 싸우고 지켜내야 하는 것이 평화라는 것을 강정은 말해준다. 혼자서는 갈 수 없는 길, 뜻을 같이하는 사람들이 강정으로 모여

드는 이유다. 혼자가 아니기에 웃을 수 있다. 작은 연대에서부터 긍정의 에너지는 나온다. 그 긍정의 에너지를 위해 오늘도 신부들은 지위가 보장되는 안전한 교회가 아닌 길 위에서 공사장을 지킨다. 묵주알을 굴리며 묵묵히 앉아 기도하고 또 기도한다. 묵묵히 올리는 묵주기도 속에 간절한 평화의 염원을 담는다.

이영찬 신부와 많은 가톨릭의 사제들이 내는 목소리는 한결같다. 강정에 와 있는 이유는 멀리 있는 이상도 이념도 아니었다. 억울하고 힘든 사람들, 아무리 울어도, 아무리 큰 소리로 말해도 들어주지 않은 아픈 이야기들을 들어주고 함께하기 위해서.

깃발

평화의 함성으로 몇 해를 펄럭였나
철조망 펜스에 갇힌 은어 빛 강정바다
그 바다 내릴 수 없는
달이 뜬다, 환한 달

인후염 붉게 앓던 여름날 쉰 목청으로
순례자 가는 길목에 묵주기도 더 아픈
구럼비 하얀 밀떡으로
둥둥 뜨는 달을 보라

외로운 날 많았어도 순비기로 일어서리
우르르 너럭바위에 드러눕던 저 심줄들
부둥켜 나를 안으며
함께 가자
함께 가자

김진숙
1967년 제주에서 출생하여 2008년 《시조21》로 등단했다. 제주작가회의와 제주시조
문학회 회원으로 활동하고 있다.

정영희

미소천사 정영희, 욕쟁이가 된 사연

– 누가 이 작은 마을에 전쟁을 만들었을까요?

글 ▷ 김영숙

정영희 어르신을 만나기로 했다. 서귀포 시내를 나와 강정으로 가는 동안, 낮게 내려앉은 하늘이 비라도 뿌릴 듯 폼을 잡는다. 근 한 달 넘게 이어지는 불볕더위에 헐떡이던 아스팔트, 그 회색 얼굴 위로 후두둑 비꽃이 핀다. 아직 가을 멀었는데 길가 벚나무의 잎이 노랗다. 빗줄기가 제법 굵어진다. 갈라진 땅 사이로 비가 스미고, 죽을힘을 다해 피었을 달개비 파란 꽃잎도 빗방울의 크기에 따라 리듬을 탄다. 법환 건너 강정천 다리까지는 한낮의 고요가 내려앉은, 그저 평화로운 시골의 정겨운 모습이 이어진다.

아끈천 지나 강정천. 맑고 차기로 유명한 곳이다. 어느 해던가, 솔가지에 달을 걸고 하룻밤 야영했던 그 자리에 자꾸만 눈이 간다. 아직은 물이 맑다.

거리 곳곳에 '해군기지 결사반대' 현수막이 걸린 강정. 이들의 갈라진 가슴에도 빗물 스몄으면 하는 바람으로 다리를 건넌다.

    어르신을 강정네거리 평화센터에서 만났다. 조그만 체구에 다정다감한 미소가 얼굴 가득했다. 얼굴이 조막만 했다. 밭에서 돌아와 갓 씻고 나온 차림이다. 삭발한 모습에 나이를 짐작할 수 없다. 수십 년을 농사짓고 사셨다는 어르신께 요즘 근황을 물어보았다.

김영숙   요즘 어떻게 지내십니까?
정영희   "사는 게 말이 아니우다. 한라봉도 묶어야 되고, 노지 과수원에 약도 쳐야 되고, 집안일도 봐야 되고, 뭔 할 일이 이리 많은지 정신이 하나도 엇어. 벌써 끝내야 허는 일들인디 이거주게. 아직 겨울옷 정리도 못해부난 집안 꼴이 말도 못해. 과수원 일 하다 저녁엔 집회도 가야 되고."

김영숙   하우스 농사 짓는 분들은 요즘 한창 바쁜 철일 텐데 인부 얻기는 힘들지 않으신지요?
정영희   "우리 강정 사람들은 대부분 농사 지멍 살아가니까 농사철 되면 서로 수눌며 일을 허주게. 귤 딸 때나, 요즘처럼 한라봉이나 천혜향 묶을 때나…….
    하우스 귤 많이 하는 사람들은 노지 귤 딸 때 가서 거들어주고, 그렇게 일 허면서 살아왓인디 요즘은 사람을 빌 수가 없어. 안 그래도 요즘 인부 구하기가 어려운디 해군기지 문제 생기며 찬성이다 반대다 나눠지는 바람에. 일해주던 그룹들이 다 깨져버리니까……. 우리 같은 노인들은 매일 가서 일 헌다고 해봐야 일이 나아가지를 않아. 오늘도 이 땡볕에 일하다 왔는디 죽겠어. 숨이 넘어갈 거 같어."

김영숙 해군기지 문제로 이웃들과 불편하지는 않으신지요?
정영희 "이놈의 해군기지가 뭔지, 난 이십 년지기 친구도 잃어버리고 요기 조카네하고도 이상헌 사이가 되어버리고 참.

 이십 년 넘게 마음 통하면서 사는 친구가 있었지. 전화도 자주 하고 가끔 만나면 서귀포 나가서 맛있는 것도 사먹고 속상한 일 있으면 만나서 속도 털어놓고 넋두리 들으면서 등도 두들겨주고. 근디 그 친구가 해녀라. 이 난리가 나면서 그 친구도 실은 반대하고 싶은데 해녀들이 돈을 받아먹어부니까 반대할 수도 없고. 그래노니 반대하는 나를 보면 미안하고 난 또 그 친구가 섭섭허고. 그러다 보니 전화도 안 하게 되고 봐도 서먹서먹하고……. 말을 안 하고 사는 것은 아니지만 거의 볼 수가 없어. 그 친구나 나나 개인 감정은 아무것도 없는데 말이야. 이런 게 나는 가슴이 아파. 참 어쩌다가 이렇게 되버렸는지 원."

김영숙 삭발하고 계신데 이유를 여쭤봐도 될까요?
정영희 "아, 이거? 나 이렇게 하고 일본 갔다 왔어요. 처음에 마을에서 날더러 일본 갔다 오라길래 다 늙은 할머니가 어떻게 가? 안 간다 그랬지. 그래도 갔다옵서 하길래 여기 강정에서처럼 하는 집회겠거니 하고 우리 마을도 알릴 겸 갔지. '히로시마 국제평화행진'이라는 행사에 말이야."

김영숙   히로시마 국제평화행진은 어떤 행사인가요?
정영희   "세계 각지에서 모인 사람들이 히로시마에 모여서 5일간 평화에 대한 이야기를 나누는 행사였어요.

　나 태어나서 그렇게 많은 사람이 한 장소에 모인 것은 처음 봤어. 한 8천 명쯤은 모였을 거야. 기지가 들어선 곳, 핵무기가 문제가 되는 곳, 아니면 환경문제가 심각한 곳 등 세계 여러 나라 각계각층의 사람들이 모여서 아픔을 얘기하고 위로하는 모임이었지.

　나는 강정만 이런 아픔이 있다고 생각했었는데 아니었어. 아픈 사람들이 무지 많더라고. 87세 된 할머니가 캐나다에서 열 시간 비행기 타고 오셨고, 91세 된 할머니도 계셨고, 기지를 막아보겠다는, 핵을 막아보겠다는 일념으로 오신 거예요. 내 나이가 많다고 생각했던 게 확 부끄러워지더라고.

　내가 이번에 히로시마에 가서 알게 된 것, 놀라웠던 것은, 괌에서 온 카라라는 31세 여성의 연설이었어요. 거기 사정이 우리 강정이랑 똑같았어요. 괌에도 해군기지가 있는데 그분이 태어나기 전 선조들이 기지를 유치한 거예요. 발전을 가져다주고 모든 것이 행복하게 살 수 있다고 해서. 그분의 아버지도 찬성했대요. 그런데 그 딸은 지금 반대 활동을 하는 것이지요. 그분들은 이미 들어선 해군기지를 철수하라고 싸우고 있는 거예요. 처음 생각했던 것과는 달리 주민들이 설 자리가 없대요. 이 상태로는 후손들에게 고향을 물려줄 수가 없어서 철수하라고 활동을 한다는 것이지요.

처음에 40~50년 전 미군의 해군기지가 들어올 때 주민들을 어떻게 대했냐면, 돈은 물론이고 안 먹어본 음식, 초콜릿, 햄, 소시지 스팸 같은 음식들을 주민들에게 막 먹인 거예요. 우리 강정에도 사흘이 멀다 하고 구경시켜주고, 갈비 먹이고 술 먹이고 한 것처럼 말이에요. 기지가 유치되면서 그 이후로 하나씩 둘씩 계속 해군기지가 들어왔다고 합니다.

좋은 땅이 있으면 일반인을 시켜 돈을 더 주고 사들이고 나중에 해군이 또 산다는 거예요. 농민이 그 토지에 미련을 두니까 군은 무조건 그 밭을 사서 완전 폭파시킨다고 합니다. 농민들이 더 이상 그 밭에서는 농사를 지을 수 없을 만큼 만들어버린다고 합니다.

거기서 그분도 연설 도중에 눈물을 흘리더군요. 그분이 저에게 하는 이야기가 '저희는 이미 선조들이 찬성을 해서 지금 망가지고 있는 괌이 되었지만, 강정은 아직 공사 중이지 배가 들어온 것은 아니지 않습니까? 그 배가 들어오게 되면, 이지스함이나 항공모함이 들어오면 그 모든 것이 오염될 뿐 아니라 배가 들어오면 핵무기가 들어오고 거기서 흘러나오는 방사능이 어마어마합니다. 지금 못 막으면 영원히 강정이라는 지명 자체가 없어집니다. 제로!'

진짜 슬펐어요. 나는 괌이 유명한 관광지라고만 알고 있었는데.

그런가 하면 마샬이라는 나라의 어촌에서 온 '농게'라는 어부도 만났는데요, 해군기지가 들어오기 전에는 바다에 나가면 하루에 500불은 벌 수 있었는데 지금은 5불도 못 번다고 합니다. 바다가 오염되고 황폐해지니 살아갈 일이 막막하다 했어요."

김영숙 "선생님도 거기서 강정을 알릴 기회가 있었나요?
정영희 "저에게도 시간을 줄 테니 연설을 하라고 해요. 처음에는 이 촌할망이 무슨 말을 하냐고 하면서도 자료를 달라고 해서 준비를 했지. 그런데 통역이 보더니 감동적이지 않을 것 같다고 해서 다 버리고, '에라, 모르겠다. 내가 겪은 일을 그대로 말하자'고 마음먹었지. 메모지 있는 거 꺼내서 몇 가지 적고는 무대 위로 올라갔어. 근디 무지 떨리더라고. 생각해봐, 그렇게 사람이 많이 모인 것도 처음 봤는데 그 앞에서 연설을 하라니 얼마나 떨렸겠어.

숨을 크게 쉬고 눈을 감았지. 그리고 지금같이 낮은 목소리로 말했어.

'저는 대한민국 제주도 서귀포에 있는 조그만 마을 강정이라는 마을에서 왔습니다. 저의 이름은 정 영 희입니다. 저희 아름답고 작은 마을에 해군기지를 세우겠다고 합니다. 공청회 한 번 하지 않고 지금 공사를 진행하고 있습니다. 그래서 우리는 5년째 반대투쟁을 하는데 우리 말은 아무도 들어주질 않습니다. 저희는 힘이 없습니다. 농사밖에 모르는 저희들이 무얼 알겠습니까? 그러나 기지가 들어와서는 안 된다는 것은 알고 있습니다. 후손들에게 기지를 물려주어서는 안 된다는 것은 알고 있습니다. 아름다운 구럼비 바위가 파괴되고 있습니다. 도와주십시오. 저희에게 힘을 주십시오.

나의 머리를 보십시오. 계속 공사를 진행한다 하기에 도청 앞에서

하루 천배씩 6일 동안 6천배를 했습니다. 그래도 도지사가 강행한다고 하니, 아버지처럼 믿었던 도지사가 공사를 강행한다고 하니 실망한 마음에 돌아서서 간절한 마음으로 삭발을 했습니다.'

그렇게 말하면서 내 머리를 쓸었지. 마침 통역을 맡은 분도 저와 같은 톤의 목소리로 통역을 잘 해주었어요. 연설을 하는데 눈물이 막 나는 거예요. 우리 마을 주민과 그 아픈 상처, 사업단 앞의 모습들이 떠오르는 거예요. 우리 주민들, 시커멓게 그을린 활동가들과 구럼비를 알려야 한다. 이런 생각들이 나서……. 눈물이 쫙 나더라고요."

김영숙 사람들의 반응은 어땠나요?
정영희 "거기 모인 사람들도 제 진심 어린 호소에 감동을 받았나봐요.

사람들이 일어서서 박수를 막 치더라고요. 그 행사에서 기립박수가 나온 적이 없대요.

그 다음 날 여성 워크숍이 있었어요. 거기에는 천 명이나 모였었어요. 말이 천 명이지 여자들 천 명이면 와자지껄할 텐데 거기는 조용하더라고요. 거기서도 우리의 사정을 이야기했죠. 내 말에 완전히 집중하더라고요. 거기서 제가 또 사람들을 울려버렸어요. 우는 사람, 웃는 사람, 박수 치는 사람……. 뭐, 난리도 아니었어요. 종이학, 응원메시지가 적힌 메모지를 엄청 받았어요. 물건이 계속 오는데 다 받을 수가 없더라고요. 거기서 다시 한 번 느꼈어요. 아직은 세계인의 마음은 따뜻하구나, 아픔을 보면 울어줄 수 있는 따뜻한 마음을 가지고 있구나……. 용기가 생겼어요.

덕분에 종이학의 유래도 알게 되었죠. 폐막식 날 괌의 카라가 학 천 마리를 '평화'라며 또 주더군요. 일본 여성회장이 더 필요하냐고 물었어요. 너무 감사하다고 했더니 더 보내준다고 했어요. 이제 일본에서 학이 엄청 날아올 거예요. 일본에서 평화가 날아오는 겁니다. 저기 벽에 걸린 학 보이죠? 저게 내가 일본에서 받아온 학이에요. 저건 그냥 종이학이 아니라 응원이고 마음이죠. 세계인의 마음, 평화를 염원하는 마음!"

김영숙 마을에 경찰차가 여러 대 서 있는데 무슨 일인가요?
정영희 "저것 봐봐. 경찰들 저렇게 항상 대기하고 있어. 경찰들만 봐도 무서워. 경찰들 자체가 우리에겐 압박이야. 경찰도 처음엔 이러지

않았어. 서귀포 경찰들은 무지막지하게 하지 않았어. 우리가 막 못되게 굴어도 사람을 짓밟지는 않았다고. 아무래도 동네 사람들끼리는 험하게 못하잖어. 그때는 밀고 당기고 해도 그렇게 무시당하지는 않았어.

지금은 개만도 못한 취급을 당한다고 느낄 때가 있어. 육지에서 대학생들 데모하고 최루탄 쏘고 하는 게 텔레비전에 나와도 '에이, 나원…….' 그랬는데 내가 직접 당해보니까 이건 아예 사람 취급을 안 하는 거라. 우리를 무슨 장애물 정도로 취급하더라고. 그래서 그런 걸 노린 것 같어. 거금을 들여가면서 말이야, 육지에서 뭐 서울특공대다 경기기동대다 대구 전라도 뭐 이런 데서 들어오는 경찰은 경찰이 아니여. 아무리 국책사업이라 해도 주민들을 이렇게 짓밟으면 안 되지. 주민 지키라고 경찰이 있는 거지, 안 그래요? 우리는 너무 슬퍼요. 우리도 이 나라의 국민인데 이렇게 무시당해야 할까. 그게 슬퍼요.

경찰만 봐도 무서워, 어떤 때는 우리를 죽이러 오나 보다 착각할 때도 있다니까. 생각해보세요. 고작해야 스무 명 남짓 주민들이 공사장 막아섰는데 몇백 명 경찰들이 몰려와봐요. 무섭겠나 안 무섭겠나.”

김영숙 짓밟히거나 무시당한다는 느낌이 있다면 어떤 경우일까요?
정영희 "레미콘 차가 들어오잖아요? 그럼 요기 다리 옆 공사장 입구에 쪼르르 앉아 있어요. 몇 명이서. 그러면 경찰이 말해요. '거기 막아서면 업무방해입니다. 비키지 않으면 연행합니다.' 그러고는 경찰 여섯이 사람을 달랑 들어요. 그러고는 한쪽 구석으로 몰아놓고 수십 명의 경찰이 에워싸요. 그렇게 한쪽으로 몰아놓고는 레미콘 차가 들어가게 길을 터주는 거예요. 사람보다 공사차량이 더 대접받는다니까요.

사람을 들어낼 때도 막 꼬집어. 나중에 보면 막 멍이 들어 있어. 그 과정에서 우리가 발버둥치잖아. 그러다 우리들 손이나 발이 경찰 얼굴에 닿으면 폭행했다고 연행해. 경찰들은 숫자도 많고 데모현장을 많이 다니는지 사진도 잘 찍어. 여러 방향에서 막 찍어대면, 우리에게 증거자료라고 들이밀면 어떻게야 찍었는지 그럴싸하게 찍었어. 그런데 우리는 그렇게 할 수가 없잖아, 사람도 없고 기술도 없고 장비도 열악하고. 그래서 맨날 당하는 거여. 저들 경찰들은 다 배웠잖아, 태권도가 몇 단이고 뭐가 몇 단이고……. 우리는 뭐 할 줄 아는 게 있나?

기껏 해봐야 차 밑에 들어가면 막 잡아 비틀고…….

그러다 맞짱 뜨면 잡혀가는 거지. 처음엔 멋모르고 덤비다가 많은 사람이 잡혀갔지. 이렇게 조그만 마을에서 그만큼 많은 사람이 잡혀 간 일은 아마 우리 마을밖에 없을 거여. 그래도 이제는 이력이 붙어서 막무가내로 당하지는 않아. 우리는 힘도 없고 할 줄 아는 것도 없으니 자꾸 입이 사나워져. 나 이 동네서 욕쟁이라고 소문났어.

우리보고 불법집회 한다고 하면서 법을 들먹이지. 그런데 우리 입 장에선 공사 자체가 불법이야. 조용히 농사짓는데 와서 들쑤셔놓 고……. 저네들이 더 불법을 저질러. 중앙선 넘어서 휙휙 버스 돌리 고……. 레미콘 차가 들어올 때는 한쪽 차선을 경찰차로 막아놓고 교 통통제하면서 불법집회 때문에 차가 못 들어간다고 그러고. 그런 거 볼 때마다 막 화가 나. 화가 나서 못 살아.

저들이야 명령에 따라 움직이는 거겠지만 어쩌면 그러냐. 이해할 수가 없어. 이해가 안 가. 공사현장에 있었다고 칠팔십 먹은 할망을 잡아다가 열두 시간을 가둬놓았어. 아무것도 모르는 할망을……. 어 떻게 나라가 이럴 수가 있어?

경찰에게 한번은 말했어. 너네들 경찰 마크 다 떼라. 그 마크가 얼 마나 소중하고 가치 있는 건데 그걸 달고 폭력을 쓰냐? 다 떼어버려!

이런 기막힌 상황을 어떻게 말해야 되나. 정말 기가 막혀요. 우리는 전쟁을 하는 거 같아요. 밥을 먹다가 경찰이 오면 밥이 안 넘어갈 지 경이에요. 이런 일이 어디 있어요?"

김영숙　주민으로서 바람이 있다면 어떤 것이 있을까요?

정영희　"우리를 그냥 놔두었으면 좋겠어요. 이 상태로 그냥 농사지으면서 살게 그냥 내버려두었으면 좋겠어요. 공사하던 거 안 치우고 가도 우리가 치울 테니까 그냥 가버렸으면 좋겠어요. 살던 대로가 평화예요. 우리에게는. 잘 살고 있는데 와서 무슨 난린지 모르겠어요. 다 필요 없어.

　이건 막아야 돼요. 국민 없는 나라가 어디 있어요. 끝까지 막을 거예요. 죽을 때 죽더라도 싸우다 죽었다고는 말해야죠. 주는 사탕이나 처먹고 고향을 넘겨주었다고 하면 후손들이 욕하잖아요. 부끄럽잖아요. 저기 괌처럼 후손들이 갈 데 없다고 선조들을 원망하는 말을 하게 해서야 되겠어요. 안 그래요?

　우리는 압박에 시달리고 있어요. 해군의 압박, 경찰의 압박, 삼성, 대림 등 대기업의 압박……. 저희는 힘이 없습니다. 농시밖에 모르는 저희들이 무슨 힘이 있겠습니까? 친구를 친구라 부르지 못하고, 조카가 백부에게 피 한 방울 섞이지 않았다고 말하는 이 현실!

　이 조그만 마을에 전쟁을 누가 만들었을까요?"

　돌아오는 길에 폭우가 내렸다. 사방에서 쏟아진 물들이 강정천으로 모여들었다. 맑은 물이 삽시간에 흙탕물이 되었다. 바위를 만나 소용돌이치던 물이 바다로 흘러갔다.

강정 달개비꽃

달개비꽃 피었다
강정사람 앉은 자리

조작벳*디 말리고
차바퀴로 짓이겨도

길바닥
더
낮은 자세

아침이면

또

피는
꽃.

* 조작벳 : 제주어. 몹시 따가운 볕을 이르는 말.

김영숙
1963년생. 가끔 시 쓰고 농사지음. 제주작가회의 회원.

조병태

끝나지 않은 이야기

글 ▷ 현택훈

물 좋아 기름진 땅

바닷바람마저 범섬과 문섬을 지나며

가장 부드러운 숨결로 길들여지던 곳

나팔고동과 진홍나팔돌산호가

목숨 다해 파도를 순하게 다스리던

그곳,

일강정―江汀이라는 말 그저 나온 말 아니지

― 故 정군칠, 「강정을 지난다」 중에서

예부터 강정은 물 좋은 마을이었다. 물이 좋으면 그 물을 마시며 사는 사람도 순해지기 마련이다. 사람들은 서로 힘을 모아 농사도 짓고 물고기도 잡으면서 살아왔다. 마을의 평화는 곧 서로 마음을 함께하는 공동체의 형성일 터. 강정의 평화는 맑고 푸른 중덕바다처럼 아름다운 평화였다. 그러나 4·3에 이어 현재는 해군기지 건설 문제로 말미암아 아름다운 평화는 흉측해져버렸다.

강정을 찾는 일은 가족 없는 고향을 찾는 마음을 닮았다. 어머니처럼 따뜻한 마음이 공권력과 포클레인과 폭약으로 파괴된 강정. 올레부터 나와서 반겨주는 어머니처럼 따뜻한 마음이 없는 고향이라니. 해군기지가 다 무엇인가. 싸울 준비를 하자는 것인가. 이웃끼리 서로 도와가며 살아야 할 것을, 왜 싸움의 빌미를 만들려고 하는지.

비가 추적추적 내리는 여름날 저녁. 뜨거웠던 여름 더위도 한풀 꺾였건만 강정마을은 여전히 뜨겁게 기나긴 계절을 통과하고 있다. 강정마을 사람들이 원하지도 않고, 민주적 절차를 무시한 채 해군기지 건설은 높은 펜스 안에서 구럼비를 처형하고 평화를 짓밟고 있는 것이다. 누군가 펜스에 래커로 뿌려놓은 글귀 "해군은 장벽을 만들고 평화는 길을 만든다"처럼 강정에는 지금 슬픈 역사가 펼쳐지고 있다. 1948년 피눈물 나는 그날들처럼……

물론 강도의 차이는 있다. 그런데 그 강도의 차이를 우리는 시대의 역사적 환경과 함께 생각해야 한다. 혹자는 지금은 누가 죽지는 않았으니 강정을 4·3이라고 말하는 것은 무리라고 말한다. 지금 비록 묵살되고는 있지만 우리가 이렇게 우리의 소리를 낼 수 있는 것은 4·3

은 물론이고 수많은 사람들의 목숨과 독재 정권하에서 민주화 운동을 통해 이룩해놓은 평화가 있었기에 가능한 일이다.

1948년 11월 16일에 당동산에서 총살당한 강정마을 사람은 누구의 총에 맞은 것인가. 국가는 누구를 위한 국가인가. 국민, 마을 주민들의 소리에 귀 기울이지 않은 국가는 총칼을 국민에게 들이대왔다. 지금 정부와 해군의 독선이 1948년의 국가와 다르지 않기에 우리는 그 아픈 상처를 상기하지 않을 수 없는 것이다.

"무신 잡혀갈 일이 또 있습니까?"

강정마을회관에서 만난 조병태(83) 어르신. 어르신이 필자에게 한 첫 말이었다. 웃으면서 한 말이지만 그 말 속에는 지난 오랜 시간 동안의 아픔이 담겨 있다. 현대사의 격랑기를 겪으면서 빨갱이로 낙인 찍힌 채 국가의 감시를 받으며 무슨 일이 있을 때마다 경찰서로 불려가서 고초를 당해왔다.

어르신은 피바람 불던 그해에 열아홉 살이었다. 평화로운 강정마을에서 꿈을 키우던 풋풋한 청년이었다. 이데올로기도 정치도 모르는 섬 청년이었다.

"10월 15일에 중문지서가 불타버렸어. 그러자 군경이 바로 우리 마을을 포위한 거지. 막무가내였지. 마구잡이식이었던 거라. 닥치는 대로 잡아 죽였어. 그런 다음 며칠 뒤에 강정마을 사람들을 향사마당에 집합시켜서 관련자를 색출한다면서 38명 정도를 죽여버렸어. 집에 있던 사람도 몇 사람 잡아와서 죽여버리고……. 그때가 저녁때였는데, 날이 캄캄해서 더 무서웠어. 중문지소 전소가 무장대의 짓이며 우리 마을 사람들 다수가 그 무장대를 도왔다고 군경이 생각한 거지. 남녀노소 할 것 없이 눈에 띄면 붙잡아서 향사마당으로 끌고 갔어. 그곳에서 많이 죽었어. 왜 죽어야 하는지 이유도 모른 채…….”

인터뷰 자리였으나 인터뷰 방법이 서툰 필자 때문에 죄송스럽게도 취조 분위기가 나기도 했다. 어르신은 바른 자세로 앉고서 그날의 아픈 상처를 다시 끄집어내기 시작했다. 그 상처들을 일부러 들춰내는 일인 것 같아 또 죄송스러웠다.

“그런 일이 생기자 각 집안별로 영장을 지내야 했지. 하지만 제대로 된 장례도 아니었어. 밭에다 임시로 묻어놓았어. 그 후 마을 사람들이 마을 주위에서 보초를 서게 되었어. 그러다가 밤에 무장대가 내려와서 전신주의 전선을 잘라버린 거야. 통신을 못하게. 그러면 낮에 다시 전신주를 세우는 일을 허는 일이 반복되고……. 중문지서 축성 작업을 하는데, 다른 일을 하느라 미처 부역을 하지 못한 사람들을 빨갱이라며 잡아가서 학살하고……. 밭에서 검질 매당 잡혀간 사람도 있고……. 초소막을 짓는 일에 동원되기도 했어. 초소막 짓는 일을 하고 있는데, 부락 소사가 와서 내 이름을 불러서 그날 잡혀갔어, 나는.”

큰 충격이어서 그런지 어르신은 그날 일들을 매우 구체적으로 기억하고 있었다. 그날 이 아름다운 바닷가 마을에 도대체 그 어떤 문제 때문에 총칼을 들이댄 것인가.

“영문도 모른 채 경찰서로 끌려갔어. 법환지서로. 나도 이렇게 잡혀가서 죽는 건가, 하는 생각도 들었어. 차도 없이 걸어서 갔어. 순경 응

원대가 나를 잡아갔어. 서북청년단이었지. 그들이 무서움의 대상이었어. 북에서 내려온 그분들이…….''

어르신이 순경이나 서북청년단을 '그분(들)'이라고 불러서 그 이유를 물었다. 어르신은 허허 웃었다. 강압적으로 억눌려 살다 보니 경찰에게 반어적으로 존칭을 쓰게 된 것 같아 씁쓸했다. 어르신은 딸이 있는데 딸은 절대 경찰에게 시집보내지 않는다면서 경찰을 증오하는 마음을 여전히 내재하고 있음을 내비쳤다.

"법환지서에서 고문을 당했어. 두들겨 패고, 물속에 머리 박게 했어. 늦가을이라 추웠는데 옷 다 벗겨놓고서 방화수 물 한 드럼을 다 마셨으니 그때의 상황을 말로 다 표현 못해. 물 먹이고 발로 배를 밟고 하는데 정말 못 견디겠더라고…….

밤새 취조받고, 다음 날 계급이 높아 보이는 경찰 앞에 앉게 되었어. 그 경찰이 두껍게 쓴 나에 대한 진술서를 모두 찢어버리는 거야. 난 무슨 일인가 헹 눈이 휘둥그레졌지. 그가 이렇게 말하더라고. '내 말 똑바로 들어라, 너 까딱하면 죽는다, 인정하면 산다.' 나는 나이도 어렸고, 무슨 일인지 전혀 몰랐는데, 최후통첩 같은 분위기가 드는 거라.

당시 산에서 무장대들이 내려왔는데 백지날인이라는 게 있었어. 그때 하라고 하니까 아무것도 모른 채 도장을 찍었지. 난 그거밖에 한 게 없었다고 말했어. 그리고 몇 시간 지나니까 서귀포경찰서로 호송되었지. 취조를 받으면서 한 일주일 있다가 제주시경찰서로 넘어갔어.

거기서 한 보름 있다가 관덕정에서 열린 고등군법회의에 105명가량이 한꺼번에 재판을 받았어. 죄목이 내란죄라고 하더군. 허허. 우스운 일이지. 열아홉 살이라서 인천소년형무소로 갔어. 집에는 연락이 되지 않으니 우리 가족들은 내가 죽은 줄 알고서 소달구지를 끌고서 여기저기 시체들을 찾아다녔다고 하더라고. 무신 면회가 되나, 편지가 되나. 5개월 정도 흐르니까 엽서 한 장을 집에 보내게 해주더라고. 그래서 내가 아직 살아 있는 것을 집에서 알게 되었지. 거기서 1년을 징역 살고 출소했지. 되돌아보면, 그때 몇 년 더 징역 산 사람도 있었는데 그 사람들은 6·25가 터지니까 모두 처형당해서 나는 징역을 1년 살아서 목숨을 건질 수 있었던 거라. 1949년에 출소해서 고향에 돌아와보니 마을 주위로 성이 쌓여 있더라고."

그 아픈 역사가 곧 현대사의 비극이었다. 소설이나 영화에서 접한 이야기들을 바로 앞에서 육성으로 들으니 그 아픔이 더욱 가깝게 느껴졌다.

"6·25가 터지니까 도순지서에서 나를 잡아다가 감금시키더라고. 그래서 다시 서귀포수용소로 넘어갔어. 그때도 많이 죽었지. 산남 지역 도처에서 잡혀들 왔어. 매일 밤 죽음의 트럭이 연병장에 들어와서는 한 트럭씩 태워서는 나가서 미리 파놓은 땅 속에 집어넣고서 집단학살을 했어. 정말 생각하기 싫은 날들이야. 끔찍했지. 거기서 열흘 정도 있다가 나와서는 해병대로 군대에 가게 되었어. 백령도와 포항에서 6년 동안 근무했어. 제대를 하니 마침내 평화가 찾아왔어……."

아, 얼마나 길고 어두운 터널 같은 시간인가. 어르신은 스무 살 무렵에 피바람 속을 뚫고 다시 고향을 찾았다. 그는 계속 고향을 찾았다. 인천소년형무소에서 출소한 뒤에도, 전역을 한 뒤에도 그가 돌아

온 곳은 고향 강정이었다. 수많은 사람들이 죽어갔지만 그에겐 아버지와 어머니가 계신 고향 강정이었다. 말을 하는 동안 그의 눈가는 조금 젖어 있었다. 깊고도 아픈 회상인 것이다.

말을 하다가 어르신은 4·3 피해자를 위한 진료증을 꺼내 보였다.

"4·3에 대해서 말을 꺼내지 못하던 시절도 있었는데, 그래도 이제 많이 좋아졌지. 이젠 나라에서 돈도 주고, 아프면 치료해주고, 정말 세상 많이 달라졌지. 그때는 밤에는 무장대들이 내려오고, 낮에는 경찰들이 들쑤시고 하니 살 수가 없었어."

어르신이 그토록 원하는 평화의 강정마을엔 해군기지 건설로 말미암아 평화가 깨져버렸다. 4·3으로 인해 마을 공동체가 파괴된 것처럼 해군기지 건설 때문에 마을 공동체가 파괴된 것이다. 어르신에게 지금의 상황에 대해서 여쭈었다.

"해군기지 건설에 대한 찬성 측과 반대 측으로 나뉘어서 마을 분위기가 너무 안 좋아. 형제끼리도 나뉘어서 제사 때 같이 지내지도 않고……. 경로당이 있는데 노인회장이 찬성 측이면 찬성하는 노인들만 가고, 반대 측이 회장이 되면 반대 측 노인들만 가고 하는 식이 되어 버렸으니 이게 무신 마을이라 할 수 있나."

인터뷰를 끝내고 나오니 어느새 날이 많이 저물었다. 비는 여전히 추적추적 내리고 있었다. 해군기지 건설을 반대하는 노란 깃발도 젖어서 축 늘어져 있었다. 비 맞은 강아지가 돌아다니고 있었다. 여름이었지만 밤바람이 비에 섞여 불면서 을씨년스러웠다. 지금 강정의 마음 상태 같아서 마을 풍경이 측은하게 느껴졌다.

이러다 보면, 해군기지 건설로 인해 강정마을의 맥은 끊기고, 조병태 어르신이 갖은 고초를 겪으면서도 그렇게 찾고 찾아오던 따뜻한 어머니 품속 같은 고향, 강정이 사라져버린다면 그다음으로 제주도는 화약고가 될 것이다. 전쟁터가 될 것이다.

서귀포 시내에서 강정까지 순환하는 시내버스가 있다. 그 버스의 정류장 이름이 '강정천'이나 '강정마을'이 아닌 '해군기지'나 '군사구역'이 된다면 평화를 사랑하는 제주도에서 이 얼마나 볼썽사나운 일인가. 우리는 평화로 가고 싶다. 평화로 가는 버스를 타고 덜컹거리며 아름다운 차창 밖 풍경을 보고 싶다. 피바람 몰아치게 만드는 전쟁의 먹구름을 우리는 원하지 않는 것이다.

제주남방큰돌고래

강정 바다 헤엄치는 제주남방큰돌고래
점점 전설이 되려고 하는 푸른 유영
바닷가 마을에는 사람이 살았고
바다 속에는 제주남방큰돌고래가 살았다는
전설이 밀물로 밀려올 수는 없지
무리 지어 살면서
따뜻한 제주 연안을 떠나지 못하는데
검은 그물에 걸려서 바둥거리네
그물에 걸려 살점 찢기고 피눈물 나네
죄 없는 제주남방사람들
불법 포획 당한 평화
그물에 들어가지 않는 구럼비는 부숴버리고
무자년 제주바다 붉게 물들인 날로
다시 우리를 끌고 가면 안되지
멸종 위기의 제주남방평화
푸른 바닷가 마을로 방생되고 싶은
제주남방큰돌고래
제주남방사람들
제주남방평화

현택훈
1974년 제주 출생. 시집 《지구 레코드》 출간. 간차한 클럽 편집장.

조용훈

4·3은 역사다, 그리고 또 하나의 4·3 강정 해군기지

글 ▷ 김영미

들어가며

  8월 14일. 강정으로 가는 발길은 찌는 더위만큼이나 더디고 무거웠다. 물론 인터뷰를 하러가는 소재가 예민하고 무거워서 더 그랬는지도 모른다. 하나의 문제를 두고 두 가지 혹은 여러 가지로 갈리어지는 인식의 차이는 당연한 것인데도 고집스럽게 오직 한 길로 하나의 생각으로만 치닫는 이유는 어디서 기인한 것일까.

  강정은 송곳만큼이나 날카로운 곳이 되었다. 평화로웠을 땐 아무도 몰랐던 장소가 왜 이리 칼로 베어놓은 상처처럼 아프고 예민한 곳이 되었을까. 가슴이 무겁다. 무시무시한 칼날에 베인 상처를 어찌하면 같이 공유할 수 있게 할 것인지 밀려오는 갑갑증에 하늘이 노랗다. 태풍이 온다는 기상청의 예보가 귓전을 두들긴다.

4·3, 이제는 역사라야 한다

　4·3 당시, 그러니까 지금 마을로 들어오는 큰 도로 밑에 다리가 하나 있었다. 지금은 복개해버려서 잘 모르는데 그날 밤에 어머니 등에 업혀 숨으러 가는데 다리에 머리가 부딪혀 아파서 막 우니까 어머니한테 야단맞은 기억이 생생하다. 우리 집 옆에는 성담하고 초소가 있었다. 예전에 북촌에 가보니까 북촌의 것은 복원되어 있었지만 우리 강정마을은 흔적도 없다. 우리가 초등학교 때까지만 해도 항상 그곳에 가서 놀았는데 아쉽다.

　4·3에 대해서 얘기해달라고 그러는데 내가 세 살 때 일이라 잘 아는 것도 없고, 이제는 누구 얘기하는 사람도 없다. 정작 얘기를 할 사람들은 다 죽어버리거나 아직도 피해의식이 있어서 4·3에 대해서 유족들이 잘 알지도 못하지만 다 숨기려고 한다. 왜냐하면 사상문제가 따르기 때문이다. 막말로 아직도 무슨 문제가 나오면 빨갱이니 뭐니 하며 정치권에서 먼저 들고 나서는데 어느 누가 4·3 피해유족이라고 당당히 나서겠는가. 나라에서 4·3을 정치적으로 다루려 하지 말고 역사적 사실로 인정을 하는 바람직한 자세를 보여주어야 한다. 그래야 4·3을 좀 더 깊고 진솔하게 다룰 수 있지 않겠는가.

　내 친구도 예전에 그러니까 스무 살 정도에 경찰공무원시험을 봐서 필기는 합격했는데 4·3 때문에 신원조회에서 떨어졌다. 또 2년 선배 강○○씨도 같은 시험에 역시 필기는 합격했는데 신원조회에서 떨어졌다. 강○○씨 경우는 4·3 때 조부모와 부모 모두 돌아가셨다. 부모는 행방불명이라고 했다. 당시에는 4·3 피해자라고 하면 빨갱이 취급을 받았기 때문에 이런 모든 것을 숨기려고 했다. 그런데 이제는 아마 그런 문제(4·3 피해자 가족으로 신원조회에서 불리한 대우를 받는)는 어느 정도 해결됐다는 생각도 한다. 그러니 4·3 유족들 중에도 경찰가족이 많은 것이 아닌가. 그런 걸로 보면 내 생각에 명예는 어느 정도 회복된 것으로 보고, 이제는 보상 문제가 해결돼야 하고 정부에서 4·3을 추념일로 지정하게 되면 4·3은 좀 쉽게 해결되지 않을까 생각한다.

우리 강정의 경우는 지금 현재 서류상으로 4·3 피해자 신고를 한 것을 보면 백육십 몇 명이 되는데 용흥리, 염돈마을까지 다 포함해서 그 숫자가 나온 건데 윤경노 어른한테 물어보면 강정 본동에만은 96명 정도의 피해가 있었다.

학살된 곳은 세 군데다. 강정의례회관과 가까운 곳에 서울집밧터라고 불리는 곳에서 그러니까 11월21일이다. 11월 21일 32명이 한꺼번에 그곳에서 학살됐고, 초등학교 앞에서 15명이 학살되었고, 지금 강정마을 본향당이라고 하는 곳이 있는데 일명 큰당팟인데 당동산이라고도 한다. 거기에서도 10명 정도 학살됐다. 그리고 여기저기에서 돌아가신 분들과 전봇대직하다가 돌아가신 분들도 있고, 지금 현재 신고된 것으로 봐선 96명 정도가 피해자로 있다.

우리 집은 아버지가 피해자인데, 순경이 갑자기 들어와 나오라고 해서 나갔다 한다. 마을 사람들과 함께 끌려가서 마을 향사(의례회관)에 집결시켰다가 서울집밧터로 끌고가서 그날 다 총살시켰다고 들었다. 32명의 마을 사람들이 아무런 이유도 없이 무고하게 한꺼번에 죽은 날이다. 아버지가 그렇게 잡혀가고 나서 너무 무서우니까 어머니는 나를 업고 밤에 아까 얘기한 그 다리를 지나 외가 법환리로 갔다. 3일인가 있다가 아버지가 돌아가셨다는 연락을 받고 강정으로 돌아왔다고 한다. 와보니 친척들이 사촌형 땅에 아버지 시신을 가매장해놓았다고 했다. 어머니가 황급히 맨손으로 아버지가 묻힌 흙을 팠는데 나중에 그 후유증으로 손이 갈라지는 고통을 겪었다. 어쨌든 직접 겪지 않은 일이라 듣는 것만으론 그리 가슴에 와닿지 않는 건 사실이다.

이건 돌아가신 어머니가 얘기해줘서 아는 것인데 아버지가 돌아가신 후에 순경이 또 오라고 해서 지서에 갔다고 했다. 가보니까 사람들을 막 두드려 패고, 발을 묶어 거꾸로 매달아놓고는 바른말 하라며 막 때리더라는 말을 들었다.

아무래도 강정1리가 인구가 많으니까 더 피해가 많았던 것으로 안다. 말 한마디에 사람 목숨이 달렸던 때였다고 들었다. 친구 아버지는 이름이 두 개라서 살아남았다는 말이 있어서 사실인가 하고 알아봤더니 아명인 윤과거(가명)와 호적에 올라 있는 윤미래(가명) 이렇게 이름이 두 개인 거라. 윤미래를 잡으러 오던 경찰과 집 앞에서 맞닥뜨린 거라. 경찰이 윤미래 어디 있느냐고 물으니 모르겠다 대답했대. 그러면 너는 이름이 뭐냐 하고 물으니 나는 윤과거다. 그렇게 대답해서 그 순간을 모면해 살아났다고 하드라. 그러니 두 이름 중에 아명이 사람을 살린 것이지. 그렇게 세상이 마구잡이로 돌아가던 시절이었다.

지금 60년이 지난 후에 내가 가만히 생각해보니 당시 폭도라고 해서 산에 가서 숨었던 사람들이 밤에는 내려와서 먹을 것도 많이 가져가고 마을에 막 불도 지르고 했다는데, 왜 그 사람들이 그렇게 했을까 생각해보면 그 사람들도 살기 위해서 산에 숨은 건데, 그러면 그 사람들도 4·3 피해자가 되느냐 안 되느냐는 면에서 나는 그 사람들도 4·3 피해자가 되어야 한다고 생각한다. 4·3이 안 일어났더라면 아무 일도 없었을 사람들이 아니냐. 결국은 4·3 때문에 어쩌다가 목숨이 위험해 산에 들어가거나 지금 같으면 아무것도 아닌 작은 일이 큰일이 되어 지목받다 보니 살기 위해서 산에 들어가 숨은 것이고 식구 중에 그런 사람이 생기면 또 같이 들어가고 했는데 결과적으로 당시 산에 들어가 숨은 사람들은 잘잘못을 따지기 전에 다 잡혀서 죽었다. 그러니 결국은 4·3이 그 많은 사람들을 다 죽인 것이다. 당연히 4·3 피해자로 인정해주어야 한다고 생각한다.

당시에 옛날 중문면 색달리 사람으로 산남에서는 폭도대장이라고 불리던 김○○라는 사람이 있었다. 그 사람이 아마 4·3이 나고 5년 후 정도 있다가 잡혀서 죽은 걸로 알고 있다. 5년이 지난 그때까지도 폭도대장이었다는 이유 때문에 잡혀서 총 맞아서 죽었다. 그 아들이 나보다 1살 어린 후배인데 4·3 피해자 신고하라고 할 때, 신고하려고 했는데 4·3유족회 심사과정에서 그 사람을 빼버렸다고 하드라. 다 같은 어지러운 역사의 피해자들인데 말이다. 그래서 그 사람이 4·3 피해자가 안 됐다. 아마도 아버지가 유명한 폭도대장이었기 때문에 그렇지 않았나 생각하지만 그 사람도 4·3 피해자가 되어야 한다고 나는 생각한다. 결국 그 사람 피해자로 인정받지 못하고 죽었지. 그런데 그 사람 자신도 4·3에 대해서는 아무 말도 하지 않았어. 자기 아버지가 너무 유명한 사람이어서 얘기하는 걸 꺼려했던 것 같다. 피해신고를 할 때 김○○가 아버지란 걸 밝히는 것 말고는 4·3에 대해서 한 번도 얘기하는 걸 보지 못했다.

음력 10월 21일. 강정1리 마을에 제사가 제일 많은 날이다. 4·3 때 한꺼번에 마을 사람들이 총살을 당했으니 강정마을 사람들은 그날을 잊지 못할 것이다. 그런데 문제는 이제 후대가 끊어지는 집들이 많다는 거다. 피해자의 후대가 없는 집들이 많다. 아들 하나만 있다가 다 죽어버리거나 남아 있던 누이가 있어서 4·3 피해신고도 하고 제사도 하며 돌봤는데 이제 그마저도 없어져버리면 아무도 없는 것이 되니까, 어떤 집은 형님이 자기 아들을 양자로 입적시켜서 후대를 만들어 가는 데도 있지만 그마저도 안 되는, 그러니까 다 몰살이 된 집 같은 데는 자손이 없으니까 제사를 못하는 집들도 많다. 이것저것 4·3 얘기는 못 듣거나 하지 않게 되거나 하는 그런 실정이 돼가고 있다.

영남마을이라고 잃어버린 마을이 있는데 거기서 살다가 4·3 때 소개해 온 유족이 있다. 피해자의 아들은 몇 년 전에 죽어버리고 그 며느리가 조그만 가게를 하면서 사는데 4·3 때 8촌 이내의 친족들이 모여서 제사를 지내는데 제사가 막 끝나니까 말하자면 폭도들이 들이닥쳐서 그 15명을 다 죽여버렸다고 했다. 그래서 지금 그 며느리가 하루 저녁에 15명 제사를 지내는데 15명 영혼들 앞에 메를 떠놔야 하는데 메를 다 떠놓을 수가 없어 큰 양푼이에 메를 떠놓고 숟가락만 15개 꽂아서 제사를 지내고 있다. 나중에 이런 사실이 알려져 4·3유족회에서 주는 장한어머니상을 받기도 했다. 그 며느리의 친정이 강정이다.

강정 우리 마을에 4·3 피해자가 96명이다. 이렇게 많은 사람들이 피해를 입었던 것은 당시 마을 사람 중에 순경이 있어서다. 지금 와서 굳이 이름을 말하기가 그런데 다 알고 있는 사실이니까 고○○이라고 강정 출신 순경과 서귀포 사람 조○○인가 하는 사람이 있었다. 그 두 사람이 말로는 다할 수 없는 만행을 부려서 더 많이 다치고 피해가 많았다는 얘기가 있다. 순경이라는 직함 때문에 더 그랬던 것 같다.

사실 이런 이야기는 잘 하려고 하지 않는다. 현재 윤경노 어르신께서도 아무도 모르는 이야기가 다시 나왔을 때 그 가족들이 들으면 같은 마을에 사는 처지로서 좀 그러니까(사이가 멀어지고 궂어지니까) 절대 안 하려고 그런다. 어르신은 자기 혼자 4·3에 대한 것은 죽어도 가슴에 묻고 죽겠다고 그러더라. 이해가 되는 부분이다. 어쨌든 그쪽 사람의 입장에서 봤을 때 다 지나간 옛날이야기고 새삼스럽게 자꾸 들먹거린다는 것이 껄끄러운 것은 사실이니까. 4·3이 다른 나라 이야기가 아니고 우리 마을, 우리 가족, 친척들 이야기가 아닌가. 그분이 더 나이 먹기 전에 살아계실 때 다 밝히면 좋은데 그분 생각이 그렇다. 말을 하다 보면 이 사람 저 사람 이름 다 거론하게 되고 몰랐던 사실도 알리게 되고 그러면 말을 하는 사람 입장에서도 말을 듣는 입장에서도 다 힘들다는 것이다. 자신이 해야 하는 얘기가 조심스러운 거다. 너무 늦었다. 지금 91세 된 윤경노 어르신 정도나 되어야 4·3에 대해서 제대로 된 말을 할 정도다. 80이 넘어봐야 당시 10살 안팎의 어린 아이에 불구한데 뭘 얼마나 알겠는가.

작년에 4·3유족회 순례를 가보니까 인천형무소가 있던 자리에 조

그마한 비석 말고는 아무것도 없었다. 비석도 인도 쪽으로 있어서 자세히 보지 않으면 모르겠고 형무소 자리였다는 것 말고는 어떤 것도 알 수가 없었다. 4·3 때 어떻게 제주 사람들이 거기까지 갔는지도 알 수가 없다. 말하다 보니 강정에서도 세 사람이 1년 동안 인천형무소에서 고초를 겪었다는 말을 들었다. 강상호씨 부부와 조병태씬데 자세한 것은 잘 모르겠다. 그 사람들이 형무소 생활을 했었다는 것도 신고하는 과정에서 알게 되었다. 본인들이 말을 하지 않아서 잘은 모르겠고 강상호씨 부부는 돌아가시고 조병태씨만 살아 계신데 말을 하지 않으니까 알 수가 없다. 대전 학살터에도 가봤는데 그곳도 개인 소유지 안에다 조그맣게 학살터라고 표석을 세워놓았더라고. 개인 땅에 있다 보니 작은 표석 여기저기 많이 훼손이 되어 있었다. 그런 걸 보면서 제주4·3유족회에서 그 터를 사서 후대에 남겼으면 하는 아쉬움이 들었다. 역사로 남기자면 순례도 중요하지만 보존하고 잊지 않는 게 더 중요하다고 생각한다.

강정에 부는 거친 바람

　요즘 해군기지 반대 문제로 얘기하다 보면 옛날 4·3이 생각난다. 4·3 때에는 경찰병력이 이렇게 500명, 1000명씩 오지 않고 몇 명만 와도 무기나 총을 들고 왔기 때문에 인명피해가 많았던 것 같다. 요즘은 경찰관이 500명, 1000명이 오면서 무기는 들지 않지만, 사실 총만 안 들었지 공권을 앞세워 억압적으로 진압을 하니까 주민들이 상당한 고초를 겪고 있다. 사실 정신적 고통은 말로 다하지 못하겠다. 만약, 이 상황이 4·3 때라면 다 잡아다가 총살을 시키지 않았겠느냐. 여러 가지로 상황이 비슷하다 보니 그런 생각이 드는데 장기간 받고 있는 고통이 그때보다 못할 것이라는 생각은 안 든다.
　똑같은 행동을 해도 주민이 한 것은 불법이고 경찰이 한 것은 타당하다고 한다. 법원의 판사도 그렇고. 시국이 그런 시국인가 봐. 사실 우리 주민들은 옛날 4·3을 재현하는 거라고들 하고 있다. 나도 상당히 그렇다는 생각을 한다.
　처음 구럼비 발파한다고 그랬을 때, 나도 차를 구럼비 발파하는 그 진입로에 세우고 막았다. 이제 딱 5개월이 됐다. 농사짓는 차를 5개월 동안이나 서귀포경찰서에 유치해놓고 지금까지도 내주지 않고 있다. 이유는 그때 발파현장 도로를 막은 범죄에 사용된 차라며 내줄 수 없다고 했다. 해군기지 반대하며 발파현장을 막은 것이 범죄라는 게 말이 되는 것인지 모르겠다. 그래서 검사에게 말했지. 그 일이 3월 6일이었고 3월 7일은 경찰차량이 해군기지 정문을 막고 하루 종일 서 있었는데 그것도 불법이지 않느냐 그랬더니 검사가 그것은 합법이래. 이유는 공권인 경찰이 한 것이라서. 그러면 똑같은 행동에 주민과 공권인 경찰이라는 입장의 차이로 다른 법을 적용하는 것이 대한민국 법이냐고 말했다. 예를 들어 도로를 막아서 교통에 방해가 되었다면 주차위반 딱지를 끊고 과태료를 내면 그만 아니냐고, 견인을 했으니까 견인비나 내고 말이지. 도로를 막았다고 해서 차량을 압류한다는 것은 여태 들어본 적이 없고 당해본 적도 없다. 그런 중요한 사항이 있으면 내 차 앞에 전화번호도 있고 한데 주차위반 딱지를 붙이는 걸로 모자라면 경찰 소속 전화번호를 적어놓든지, 압류해갈 정도로 급박한 상황이면 전화를 해주든지 해놓고 해야 될 것 아니냐. 나는 그날 발파현장에 차를 대놓고 하루 종일 있었는데 오후 1시쯤엔가 견인차가 와서 견인해갔다고 그랬다.

    그날 차 13대를 견인해갔는데 1대만 나오고 나머지는 아직도 서귀포경찰서에 유치 중이다. 1대가 나온 이유는 경찰에서 조사를 받을 때 자신이 가져다 놓은 것이 아니라 마을회관에 세워둔 걸 누가 가지고 갔다고 진술을 해 무혐의로 그 차만 나왔다. 나머지는 다 범죄에 사용된 차라는 죄목이 붙어 압류되어 있다. 후에 제주지방법원에서 차를 찾아가라고 해서 가는데 마침 검찰에서도 출두하라고 해서 갔더니 담당검사가 항소 중이니 차를 찾아갈 수 없다 그랬다. 그래서 지금도(8월 4일 현재) 차가 서귀포경찰서에 유치되어 있다. 항소가 어떻게 진행되는지 판결이 나오는 것을 보면 알 수 있겠지.

해군기지는 주민동의도 얻지 않은 처음부터 잘못된 것이다. 마을향약상 총회를 하려고 하면 공고를 일주일 동안 해야 회의를 할 수 있다. 당시 마을회장이 공고한 내용은 해군기지 건으로 했었고, 공고기일도 5일밖에 안 됐었다. 그런데 정작 당일 회의는 해군기지 유치 건으로 열렸다. 또, 마을회장이 해녀들 40명과 사전에 다 협의해서 동의시켜놓고 동원을 했다. 마을향약상 71명 이상이 돼야 정족수가 되거든. 그러니까 그 정족수를 채우기 위해 미리 40명의 해녀들과 협의하고 동원한 것이지. 1인당 1억5천만 원이라는 그러니까 평생 벌어도 벌지 못하는 금액을 제시했던 거지. 또, 마을회의도 그런 중요한 사항을 투표도 아니고 자기들끼리 박수 쳐서 통과시켜놓고 뒷날 아침에 해군기지를 유치한다고 기자회견을 해버린 거지. 마을회장이 말이야. 그날 모인 사람이 87명인데 미리 협의하고 동원시킨 사람이 40명의 해녀였다.

예를 들어 풍림리조트 경우도 내가 마을회장으로 있었을 때는 못 지었다. 처음에는 마을 공론과 주민들의 의견이 리조트가 들어오는 것을 반대했다. 반대 이유는 많았지만 그중에서도 주변 경관과 어울리지 않아서 해안경관을 파괴한다는 것이었다. 물론 오염문제도 있었고. 그런데 찬성하는 사람들이 반대하는 사람들을 설득하면서 숫자가 많아지니까 리조트가 들어서더라고. 그전에는 물론 반대하는 사람이 많았지. 그래서 조율하는 기간이 4년이나 걸렸다. 물론 그동안 마을 공론을 만들고 의견을 한데 모으는 일을 했다. 가급적이면 마을이나 리조트나 서로 상생하는 입장에서 의견의 차이를 좁혀나갔다.

그런데 해군기지는 그런 주민들의 공론이나 의견이 한 번도 없었다. 단지, 어촌계를 통해 해녀들에게 죽을 때까지 벌어도 벌지 못할 돈 1억5천만 원을 준다고 하며 설득하고 찬성하게 만들었다. 리조트 경우는 받아들이기 위해서 10번 이상의 공론을 거쳤는데 해군기지의 경우는 아주 중요한 국가사업이었는데도 불구하고 단 한 번도 그런 과정이 없었다는 게 잘못이다. 공론화시킨 후 주민 찬반투표를 하고 의견을 모으고 하는 절차가 당연한 것인데 그런 것이 없었다.

주민들이 사는 마을에 국가시책 사업이 한번 들어오면 어떻게 마을이 변할지 모르는 일에 정작 중요한 마을 주민들의 의견을 단 한 번도 듣지 않았다는 것은 처음부터 마을 주민들의 의견을 무시했다고밖에 볼 수 없다. 당시를 생각해 보면 당시 도지사하고 미리 얘기가 되었던 것 같다. 그 후에 이웃 월평 마을회장이 얘기하는데 우리 지역구 도의원이 자기를 만나자고 해서 만났더니 해군기지를 유치하라고 했다. (강정마을에 여론이 일기 전이었다. - 필자 주) 그래서 자기는 절대 받아들일 수 없다고 했다고 한다. 그런데 한 20일 후에 강정에 이발하러 와보니 해군기지 건으로 마을총회를 한다고 마을방송을 하더라고 했다. 그리고 뒷날이 되니 해군기지를 유치한다고 방송에 나와 기자회견을 하더라고 했다.

그러니까 해군기지는 도지사와 지역구 도의원이 추진한 것이라고 하더라. 그리고 나중에 컨벤션에서 무슨 행사가 있었는데 대포리 ○○ 횟집에 도지사하고 강정 마을회장하고 어촌계장이 같이 참석했다 하더라. 당시 서귀포 시의장이 참석했는데 그랬다고 했다. 마을회장이 시의장을 찾아가 해군기지를 유치할 테니 도와달라고 했다 한다. 그런데 나중에 마을이 찬반으로 갈라지다 보니 법정에 가서는 절대 그런 말을 한 적이 없다고 했다더라. 해녀들을 설득한 것이 윤○○ 당시 마을회장인데 말이다. 그러니 해군기지는 처음부터 잘못된 것이다.

나가며

  평화란 무엇인가. 우리가 오랫동안 알고 있는 평화란 단어는 오로지 낱말에 불과한 것인가. 사상과 이념과 대립과 갈등. 군화로 지키는 21세기의 평화를 부르짖는 그들과 제사떡이 담장 위를 넘나들고, 보리밥상에 숟가락 하나 더 올려놓고 호형호제하면 낯설음도 가시던 넉넉함을 평화라 알던 우리의 차이가 무얼까. 평화를 몰랐을 때 날카로웠던 낯선 말들이 평화를 알고 나선 익숙한 말들이 되었다. 만나는 사람들의 입마다 오르내리는 격한 낱말들. 평화의 땅에서 듣는 투쟁을 향한 말들이 너무 익숙하다.

  장마가 오려는 강정의 하늘 아래 나부끼는 노란 깃발. 높게 둘러친 펜스 안에서 들려오는 금속성의 굴착기 소리. 사라져가는 구럼비의 속울음이 가슴에 와 얹힌다. 그토록 애타게 찾고 있는 평화는 어디에 숨어 있는 것일까.

구럼비바위의 눈물

2012년 3월 6일
마침내 고요는 깨졌다
화약 냄새 진동하는 평화의 이름으로

우리가 알고 있는 순한 평화가
폭발음과 함께 산산이 부서지고
진흙탕 속에서 목 놓아 울부짖고
구럼비와 함께 부르던 평화의 노래는
흘러간 구전가요가 될 것이다

아이들은 더 이상 구럼비바위에서 살던
친구들의 이름을 기억하지 못할 것이다
붉은발말똥게 연산호 층층고랭이 은어
하늘을 담고 빗방울을 그리던 용천수를

굴착기 소리 요란한 정오의 시간과 함께
너럭바위를 틈을 흘러 태평양에 가닿았다는
강정의 맑은 물은
갈 길을 잃어 평화의 기지 안에 갇힐 것이고
우리의 평화도 그렇게 갇히고

시푸른 하늘을 향해 토해내던 검은 오열
구럼비의 절규는
이 땅에서 잊혀질 오천 년의 이야기를 통곡하며

앞으로 무수히 꺾이고 부서질 힘없음이란
통증의 시작과 마지막을 앓고 있는데
인간의 조악한 생각이란 것이
파괴하여 건설하면 지킬 수 있다니
수만 가지로 끓어 넘치는 용암을 품어 하나를 이룬
구럼비의 넓고 통 큰 마음을 어찌 읽을까

익히 알고 있는 평화를 갈음하는 시대
치졸한 안위를 내세운 방자한 평화는
어느 시대에 있었던 무기란 말인가

오래지 않은 미래, 국어대사전에서 정의한
평화란 낱말의 풀이는
상식이 통하지 않는 권력집단과 야합한 무시무시한 전투력.

김영미
1962년생. 《제주작가》와 《문장21》로 시 등단, 《에세이스트》로 수필 등단했다. 한국작가회의, 제주작가회의 회원이다. 시집으로 《달과 별이 섞어 놓은 시간》이 있다.

윤경노

:
1922년 서귀포시 강정동 출생. 저서로 《향토강정》(1984년 초판, 2001년 증보판)과 노동요인 《제주전래민요집》(2006)이 있다. 평생을 강정에 거주해오셨으며, 여전히 새벽이면 자전거를 타고 강정마을을 한 바퀴 도는 것으로 하루를 시작한다.

엉킨 실은 풀어야 쓴다

글 ▷ 최연미

들어가기

왜 그런 느낌 있지 않은가? '난, 아니야.' 하는.

어느 날 듣는 갑작스런 부음, 혹은 젊은 나이에 암에 걸려 주검으로 돌아오는 경우들. 이제는 이런 경우들이 익숙한데도, '난, 아니야.' '내게는 그런 일이 일어나지 않아.' 하게 된다. 하지만 요즘 들어 '난, 아니야.'라고 하기엔 세상이 너무 흉흉하다. 용역폭행, 묻지 마 살인, 연쇄살인, 엽기살인, 어린이·미성년자 성폭행, 인터넷 포털 초기화면을 열 때마다 요즘말로 멘붕(정신이 붕괴된 상태)이 계속 이어지고 있다.

65년 전 4·3의 모습은 어떠했을까? 잠깐 물 길러 갔다 오면 열씩 서른씩 아침에 봤던 가족이 친구가 처참하게 죽임을 당했다면? 죽음이 아주 가까이 있어 그냥 살아지는 대로 살 수밖에 없었다면? 어쩌면 4·3에서 살아남는 게 바로 기적이 아닌가 싶다.

4·3 당시 스물일곱 신혼의 청년이 지금 아흔하나가 되었다. 지금 제주도 서귀포시 강정동 4577-1번지에 살고 계신 윤경노 어르신이 바로 그 청년이다.

　2012년 7월 26일 윤경노 어른과 첫 만남을 위해 조용훈 강정마을 4·3유족회장과 함께했다. 마을회관 사거리 남쪽으로 난 1차선 거리, 도보로 백 걸음이나 갔을까, 무궁화나무가 빽빽이 심어진 짧은 올레가 보였다. 무궁화나무가 방금 이발을 한 것처럼 반듯하게 잘려 정돈된 모습이다. 한눈에 집주인의 성격이 빈틈없이 깔끔한 성격이라는 걸 예감할 수 있었다. 네모난 마당을 가운데로 안팟거리 집이 있었다. 옛날 초가집을 개조한 듯 난간(툇마루) 안으로 방, 마루, 방의 구조로 된 집이다.

　우리가 찾아갔을 때 윤경노 어른은 텔레비전을 보고 있었다. 흰 모시적삼 밖으로 저승꽃이 보였지만 곱게 나이 든 모습이 보기에 좋았다. 어른에게 예고되지 않은 인터뷰여서 간단하게 인터뷰 취지만 전했다. 조용훈 회장이야 익숙했겠지만 낯선 필자의 출현에는 불편해 하는 모습이었다.

　"4·3? 나 헐 말 ᄒ나 엇어. 지금 왕, 무신 얘기를 홀 거라. 누게가 영 허곡 정 해부난 그 사람들 죽엇덴 헐 거라? 그 후손들이 지금 다 ᄀ치 살고 잇인디. 그냥 나 혼자 가슴에 담은 채 무덤까지 가크라. 나 이제 아흔ᄒ나라. 나가 이제 살민 얼마나 산덴."

　연세가 이제 아흔하나라는 사실에 깜짝 놀랐다. 사실 윤경노 어른에 대한 사전 조사나 준비가 전혀 없이 시작된 만남이었다. 대상에 대해 주변 조사로 시작한 인터뷰가 오히려 상대를 아는 데 불편을 준다는 경험에 무에서 시작하고 싶었다.

그러면서도 어르신은 사이사이에 4·3 이야기를 풀어놓았다. 절대 녹음은 하지 말라고 했다. 한번 뱉은 말, 때로는 실수도 있을 터인데, 녹음하면 글처럼 지울 수도 없다는 것이다. 마을 해군기지 찬반에 대해서도 분명한 의견을 보였다.

"보리왓디 보리만 나? 대우리도 나. 나룩팟디 돌피, 조팟띠 ᄀ라지. 세상 사는 게 다 호사다마 아니라? 찬성 잇는 디 반대 잇고, 반대 잇는 디 찬성 잇주. 엇이민 그게 민주주의라? 독재주."

그리고 8월 7일, 열이틀 만에 딸과 함께 다시 찾았다. 놀라운 건 어른께서 당신이 겪은 4·3 경험을 글자 크기 15포인트로 A4용지 9매에 걸쳐 정리해놓은 것이다. 첫날 야박하게 보내서 미안하다는 말을 먼저 하시며 자필로 쓴 것을 손녀가 컴퓨터로 정리했다 하신다. 보충해야 되니 며칠 후 다시 오라고 했다.

다음은 윤경노 어르신이 정리해주신 내용이다.

윤경노(1922년 5월 3일생. 당년 91세) 증언

제일강정

우리 마을은 지금부터 약 400여 년 전에 설촌된 마을이다. 인심 좋고 단합이 잘 되며 어른을 섬기고 애향심이 강한 마을이다. 마을 이름을 물이 많은 마을이라 물 江(강)자 물가 汀(정)자를 써서 '강정'이다.

논 면적이 130정보나 된다. 쌀이 많이 생산된다고 해서 '강정 애긴 곤밥을 주면 울고 조팝을 주면 아니 운다.'는 속담이 있는 마을이다. 제주에서는 '제일강정'이라 부른다.

일정 때 고난

나는 일정 때 이 마을에서 태어나 주민들과 함께 온갖 고난을 겪으며 90 평생을 살아온 사람이다. 특히 1940년대를 전후해서 10여 년간은 그 고난이 더 심했다. 먹을 것을 못 먹고 입을 것을 못 입고 신을 것을 못 신어 짚신을 조리 삼아 신고 살았다. 당시 젊은 사람은 강제 징용에 의한 징병, 노무자, 근로보국대에 동원됐다. 거기다, 소·돼지 공출에 농작물, 식량 공출, 유기그릇인 제기까지 다 내놔야 했으니 천신만고를 겪으며 살았다.

광복절

1945년 8월 15일 광복절을 맞이하자 감옥에서 풀려나는 기분으로 만세소리와 함께 전 국민이 환호했다. 우리 강정마을에서는 국민학교 인가를 받는 것이 숙원사업이었다. 1946년 9월 1일 국민학교 설립인가를 받게 되자 전 주민이 일심동체가 되어 학교를 짓는 데 주력하였다.

일부 젊은이들은 건준위(건국준비위원회)를 결성한다며 마을이 어수선했다. 경찰과 서청(서북청년단)이 감시한다는 것을 눈치챈 당시 25~26세 된 젊은이들이 일본으로 건너가기도 했다. 그중에 성공한 사람도 있지만 이제 90세 노인이 된 그들은 한 번 귀향도 못한 채 사망하거나 힘들게 사는 분들이 있는 것으로 알고 있다.

4·3 피해

고기생·김기옥 납치사건

1948년 가을 고기생씨와 김기옥 씨 두 사람을 산사람들이 납치해 갔다는 소문이 전 마을에 뒤들썩했다. 야밤에 산사람들이 마을에 침입해 사람을 끌고 갔다는 것은 엄청난 일이었다. 고기생씨는 연행당해 산으로 가던 중 도순천 진소 옆을 지날 때 진소 옆 기정(절벽)으로 와락 뛰어들었다고 한다. "잡혀가서 죽느니 차라리 자살하겠다."는 생각이 들더라는 것이다. "캄캄한 밤중이라 산사람들 생각에도 죽은 줄 알고 그대로 가버렸다."고 했다. "날이 밝아 정신을 차려보니 기정바위 나뭇가지에 걸려 살았다."고 했다. 구사일생으로 살아난 고기생씨는 주민들의 환영을 받으며 집으로 돌아왔다. 고기생씨는 사태가 진압될 때까지 마을 이장 겸 민보단장을 지냈다. 그 후 중문면의회 의장과 면장 입후보까지 했었고 오래 살다가 별세했다.

김기옥씨는 산으로 납치된 후 생사불명이다.

큰당팟 학살사건

우리 마을도 4·3사건의 피해를 보았다. 1948년 음력 10월 16일, 이날은 중문지서 축성 공사로 강정 주민이 총동원된 날이다. 이날 일을 마치고 오후 해질 무렵 마을에 돌아와보니 주민 10명이 군·경찰에게 총살되었다는 소식을 들었다.

사망자: 김두주·박옥현·오일선·윤방언·윤태언·이시길의 처·임석현·임찬호·조권식·홍인표 (계 10명)

왕대왓 학살사건

이날부터는 집에서 잠자는 사람이 없고 들녘에서 밤낮으로 군경의 동향을 엿보며 살았던 것이 사실이다. 주민들이 우왕좌왕 아니할 수 없었다. 이때 마을 원로 유지들이 앞장서서 경찰과 교섭한 결과 마을 전 주민이 백기를 들고 마을 향사로 모이라고 했다. 흑백을 가린 후 집에서 잠잘 수 있게 안전을 찾아주겠다고 약속한다는 것이다.

1948년 음력 10월 21일 오전, 전 주민이 집결하여 열 지어 앉았다.

경찰은 29명을 지명하여 연행했다. 지명된 사람들을 왕대왓 지경 서울집밧 중심에 열 지어놓고 군경 수십 명이 발포를 해 모두 총살시켰다. 그중 요행히 한 사람이 살아나 집으로 돌아가 숨은 것을 재조사해 처형한 걸로 알고 있다.

사망자: 강맹효·강태신·고대성·고덕봉·고승원·고시경·고영봉·김대원·김순천·김일화·김창현·오달해·윤경림·윤상범·윤성은·윤중열·윤태숙·이명규·이연지·이창혁·정두진·조군옥·조덕훈·조영식·조태흥·최인석·홍신표·홍순익 (계 28명)

메모루 학살사건

1948년 음력 11월 16일은 강정 민보단원 130여 명이 토벌대로 동원된 날이었다. 도순지서 직원의 지휘하에 영남지경 일대를 샅샅이 수색하였다. 토벌이 끝난 뒤 돌아오는데 허물서동산에 들어설 무렵 마을 안에서 총성이 났다. '오늘도 무슨 일이 났나.' 싶어 민보단 사무실(현 초등학교 관사)까지 뛰어갔다. 가서 보니 도피자 가족이라는 이유로 10명이 총살당했다는 것이다.

사망자: 강상자·강시성·강시호·고계생·고태극·문경아·윤기관·윤덕수·이시화·임두성 (계 10명)

메모루 학살이 있는 이날 나는 민보단 사무실에 도착했을 때 법환 경찰주둔소 강운서 경사가 나에게 "수고했습니다." 하고 악수를 청했다. 그래놓고는 손 좀 내놔보라고 하면서 수갑을 채웠다 풀고 다시 수갑을 채웠다 풀며 물방앗간(현재 고남천씨 집 서쪽)으로 오라고 하는 것이다.

　방앗간으로 가자 내게 "지금까지 살면서 누구에게 감정을 상하게 할 만한 일이 없느냐."고 물었다. 이 물음에 나는 "이제 나이가 27세이고 촌살림에 누구하고 싸운 적도 없으며 감정 가질 사람이 없습니다."라고 대답했다.

　그때 문득 한 생각이 떠올랐다. '스물한 살 때 우리 집 난간에 지까다비(튼튼한 천과 바닥이 고무로 만들어진 작업화)를 벗어뒀는데 없어진 적이 있다. 수소문하던 중 어도리에서 추수하러 온 강경주·강세민(이는 고완봉씨 지주였는데)씨 신발도 없어졌다는 것을 알게 되었다. 나중에 알고 보니, 고○○ 형제가 가져간 것을 찾아 돌려받은 이야기'를 했다. "그래서 그들이 나에게 섭섭했을까요?"라고 했더니 "당신 대단한 사람이다. 수고하세요." 하고 헤어졌다.

　돌아서오며 고씨 형제가 무슨 말을 했을까 생각하며 한 속담이 생각났다. '도적은 심지 말고 다울리라.(잡지 말고 내쫓아라.)'

양갑생 사건

　안강정을 소개하는 과정에 양갑생 노인에 대해 얘기하고 넘어가려고 한다. 양갑생씨는 소개하는 데 늙은 텃세로 말을 잘 안 들어 혼자 영장(돌무더기나 바위 따위가 서로 맞물려 생긴 굴)에 살았다. 당시 월평 김달평 씨 집에 주둔한 제주계엄사령부 중문지구 파견대 소속 고삼룡이란 중사가 해안순찰을 하다 양 노인을 발견했다. 고 중사 생각에는 양 노인이 강정 빨갱이들의 연락병으로 생각했다. 그도 그럴 것이 바닷가에는 톳 하는 사람들이 그신세(초가집 지붕을 뜯어낸 묵은 띠(帶)로 불살라난 곳이 여러 군데 있어서 더욱 의심한 것이다.

고 중사는 당장 강정 리장을 월평주둔소까지 오라고 불렀다. 그때 강정리장은 이남규씨였는데 사직하고 새 리장은 고기생(앞의 납치사건에 거론된)씨였다. 인수인계 받기 전이라 이남규 리장이 가야 하는데 이남규 리장은 환자로 누워 있었다. 새 리장인 고기생 리장과 민보단 부단장인 나, 그리고 단원 5, 6명이 동행했다. 고 리장은 고 중사를 만나자 "종씨, 종씨." 하며 언강을 부렸다. 하지만 고 중사는 벽장에 있는 흰 사기병의 술을 병나발 불며 무조건 고 리장에게 매질을 가했다. 매질하는 중 내 팔에 낀 완장을 보더니 "네가 부단장이냐?" 하며 내게도 부짓매를 가했다.

문제는 그것으로 끝나지 않고 지금 당장 이남규 리장을 데려오라는 명령을 했다. 같이 갔던 단원들이 뛰어가서 병석에 누워 있는 환자인 이 리장을 담요에 씌워 업고 갔다. 그 장소가 월평마을 향사였는데 마을 유지들이 다 모인 장소였다. 이 리장이 방에 들어서자 고 중사는 아무 말 없이 장작개비를 위로 확 쳐들며 때리기 시작했다. 장작을 위로 쳐들 때 향사 천장에 널이 터져 나갈 정도였다.

죄 없이 이 리장 고 리장이 얻어터져 이 리장은 중문 처조카 집으로 업혀가고, 고 리장은 단원들에게 업혀 집으로 돌아왔다.

그 일이 있고 며칠 후 고 중사는 광대코지 부근에서 무장대에 의해 피살되었다는 소문이 났다.

축성 변경

　당시 마을을 경비하려면 축성(담을 높이 쌓는 일)을 하라는 명령이 서귀포경찰서에서 내려왔다. 그 내용은 마을의 중심 동네만 성을 쌓아서 보호하라는 것이었다.

　남쪽으로는 국민학교 운동장 앞에서 동서쪽으로 쌓아가고, 북쪽은 당시 윤성국씨의 집 웃뒷밧 남쪽에서 동서쪽으로 쌓아가라고 했다. 동쪽은 묵은 향사 동쪽의 돌담에서 남북으로 쌓고, 서쪽은 골새 동쪽에서 남북으로 성을 쌓으라고 했다.

　문제는 동너븐밧과 더넷동네, 북허터와 안강정, 섯동네를 소개시키라는 명령이었다. 실로 엄청난 일이었다. 아무리 생각해도 이곳들을 떼어낸다는 게 말이 안 되지만 명령이라 방법이 없었다.

　당시 고기생씨는 마을 리장 겸 민보단장이었고, 나는 부단장이었다. 그때 중문국민학교에는 제주도계엄사령부 중문지구에 서봉호 소위가 파견대장으로 주둔해 있었다. 월평동 송화준씨가 서봉호 소위를 대장으로 모시고 있었다.

　나는 리장에게 의견을 제시했다. 마을에서 몇 분의 좀녀를 동원하여 해산물인 생복(날전복)과 구젱기(소라)를 준비하고, 서봉호 소위를 찾아 위문을 가는 게 어떻겠냐며 내 생각을 말했다. 의견은 받아들여졌고 고기생 리장과 나는 마을 소사에게 위문품을 걸머지우고 설풍이 부는 날씨에 걸어서 중문지구를 방문했다. 서 소위는 없고 송화준씨 혼자 일직을 서고 있었다. 송화준씨에게 마을의 애로사항을 자세히 설명하고 돌아왔다.

다음 날 서봉호 소위가 마을을 방문하고 돌아본 후 축성계획을 변경하여 3통 150여 호를 살리고, 섯동네를 포함하여 축성하라는 명령을 내렸다. 이는 송화준씨의 노력의 대가였다. 전날에 더넷동네는 이미 소개되어버렸기 때문에 어쩔 수 없는 상태였다. 하마터면 깜빡하는 순간에 3통의 150여 호가 소개되어 쑥밭이 될 운명이었는데 송화준씨의 노력으로 이를 면하였다.

송화준씨에게 감사드리고, 언제까지나 그 고마움을 길이 전하고자 한다.

마을 방위

마을 주위로 접성을 쌓았는데, 이 돌담성은 밑넓이가 약 6척(약 180cm), 높이 약 13척(약 4m)이다. 성 밖으로는 약 6척 깊이의 호를 파서 그곳에는 가시나무를 얹어놓았다. 성의 중간중간에 8개 포대와 24개소의 망원대를 설치하였고, 경찰지서 출입문과 식수를 길어올 수 있는 출입문은 터서 보초를 서게 하였다.

축성 변경으로 인하여 주거지 외 공터가 많이 나오게 되자 고기생 리장은 지주의 양해를 구해 소개민들에게 주거지를 정해 살게 해주었다. 동광동과 내동의 소개민 80여 가구는 대추남밭(현 의례회관)과 윗새질 동네에 살게 했다. 세별 북허터 소개민은 예솟밧 동네로, 안강정 주민은 서당카름 동네, 용흥리 소개민은 새왓 동네(현 마을회관 서북쪽)를 주거지로 정해 집을 지어 살게 하였다.

17세 이상 50세까지의 마을 남자들은 민보단과 한청단원으로 편성하여 야간경비를 담당하고, 부녀회까지도 야간경비에 임하였다. 50세 이상 노인들은 주간경비를 담당하면서 마을 자위태세를 철저히 하였다. 그 과정에서 겪은 마을 주민생활의 불편과 고충은 이루 말로 다 표현할 수 없는 정도였다.

문제는 8개 포대와 24개 망원대에서 보초를 서며 마을을 밤낮으로 지켰지만, 무슨 사고라도 나면 외치지도 못하고 전달하기 위해 걸어가는 시간이 많이 걸리고 위험하기까지 했다. 이때 내가 생각해낸 것이 단시간 내 연락할 수 있는 연락망이다. 방법은 갈치 술(갈치를 낚을 때 사용하는 낚싯줄)과 말방울이었다.

우리 마을은 어촌이니까 집에 있는 갈치 술들을 가져오도록 하고 말방울들을 모았다. 성내를 갈치 술로 연결하고 군데군데 말방울을 매달았다. 문제가 있을 때 술을 잡아당겨 방울을 울리게 했다. 방울이 울리는 횟수에 따라 사고의 내용을 전하는 방법이다. 우리 마을의 이런 연락망 현장을 본 경찰은 전 제주에 이렇게 하라는 지시를 내렸다.

복룡동산 전주 순찰대 피살사건

1950년 6월 23일, 산사람들이 전신주의 전선을 잘라가거나 도로를 나무나 돌로 차단하는 것을 막기 위해 순찰을 돌았다. 순찰을 돌다 산사람들에 의해 3명이 피살을 당했다.

사망자: 윤시찬·양종국·강정생 (3명)

납치: 김기옥 (1명)

강정마을 사망자 52명, 행방불명자 46명. 계 98명

사태진압

1952년 4·3사태는 군경 토벌작전으로 진압되고, 성곽 경비는 해체되었다. 1954년 9월부터는 한라산 입산을 개방하였다. 성을 쌓았던 돌담은 집 울타리나 밭담으로 사용하면서 허물었다. 2구에서 소개해 온 주민들은 원래 살던 데로 돌아가서 부락을 재건하고 마을 이름을 용흥이라 하였다. 강정지경의 동광동·더넷동네(가래동)·북허터·안강정에 살았던 주민들은 그대로 성내 지역에 살면서 오늘날과 같은 강정동의 형세를 이루게 되었다.

해군기지 찬반

우리 마을 지경은 분명하나, 자기지분인 논밭 번지평수는 없었다. 짐작으로 몇 두락(몇 말지기)가량 또는 4표(동서남북)로 표시하여 경작을 하거나 매매하였다.

1911년 일정 때 세부측량을 함으로 번지와 평수가 나오게 되었다. 영남동과 서호동, 강정동 삼거리인 틀낭밧에 강정 1번지가 있다. 고근산 서쪽 길로 월드컵경기장 서쪽 작은 길 따라 내려오면 법환국민학교 사거리가 나온다. 사거리로 남쪽 바닷가에 가면 길 동쪽 밭은 법환동 1541번지이고, 길 서쪽 밭은 강정동 714번지이다. 이 경계가 법환,

강정 육지와 바다의 경계이다. 서쪽은 월평포구, 동해물골이 경계이다. 강정 지경의 번지수는 5627필지(세부측량 기준)이고 그 후 분할 필지 수는 수천일 것이다.

바다는 번지도 평수도 없고 사지도 팔지도 못하는, 대대로 이어 바다의 손손에게 물려줄 고귀한 천연유산이다.

호사다마好事多魔란 말이 있다. 무슨 일을 하든 걸림돌이 있기 마련이다. 여與가 있으면 야野가 있고 찬贊이 있으면 반反이 있다. 그러니 잘 화해하면 좋은 결실을 맺게 될 것이다. 마을회는 지역 내에 각 단체와 전 주민을 통솔하는 단체인데 지금 우리 마을이 두 쪽으로 갈려진 것이 정말 안타깝다. 더구나 해녀, 어부 하면 바다가 생명줄이니 결사반대할 것인데 적극 찬성하는 사람들의 이유는 보상이 아닐까 여겨진다.

강정마을에는 일생을 물질하다 줌수병, 또는 늙어서 물질을 못하는 분들이 있다. 또 이 마을에 태어나 15세부터 물질을 배워 80 평생을 물질을 하며 해녀회장까지 지낸 분들이 있다. 도지사에게 '해녀증'까지 발급받았다. 그 해녀증으로 의료혜택까지 받는데, 마을 어촌계 계원 탈퇴라는 이유로 해녀보상에서 제외시켰다. 하지만 물질 한 번 안 가본 사람에게 어촌계원이라는 이유로 후한 보상을 줬다니 말이 안 된다.

이 보상이 마을바다 보상인지, 해녀 보상인지, 어촌계 보상인지…….

"나 윤경노는 일제 치하의 고난도, 4·3의 아픔도, 6·25동란도 다 겪으며 살았습니다. 이제 우리 제일강정이 해군기지 찬반으로 마을 주민 모두가 천신만고를 겪고 있습니다. 해답은 토론에 있습니다. 어렵더라도 찬반 주민이 머리를 맞대고 몇 번이고 토론하면서 얽히고 설킨 실마리를 풀어 우리의 제일강정이 되돌아오기를 기원합니다."

나가기

찾아가서, 때론 전화로 원고를 여러 차례 걸쳐 수정하고 또 수정했다. 어른의 완벽주의에 감동할 수밖에 없었다.

아프리카 작가 아마도우 함파테 바(1901~1991)는 1960년 유네스코의 연설에서 "노인 한 사람이 죽는 것은 서재 하나가 불타는 것과 같다."고 말했다.

어른이 집필한 《향토강정》(1984년 초판, 2001년 증보판)과 노동요인 《제주전래민요집》(2006년)을 보여주며, '써레질 소리'를 육성으로 들려주는 모습은 65년 전 청년의 모습처럼 아름다웠다. 작은 글씨로 빼곡하게 정리된 낱말카드, 선물 받은 한서들을 액자가 아닌 장롱 문짝 안쪽에 붙여 때때로 열어 읽는다는 91세의 어르신. 그 모습을 보며 서재가 불타기 전에 우리가 해야 할 일이 얼마나 많은지 깨닫게 하였다.

우리 중 그 누구도 아흔한 해를 살아보지 못했다. 4·3이 나던 해로부터 거슬러 올라 스물일곱부터 셈해도 예순여섯 해를 제일강정을 위해 많은 일을 해온 윤경노 어른. 그런 어른이 우리에게 간곡하게 말한다. 모여 앉아 토론을 하라고, 일제강점기도 4·3도, 6·25도 새마을운동까지 제일강정을 지키기 위해 온 주민이 모다들엉 만들고 이룩한 제일강정이라고 하지 않는가?

사람만이 자신을 백팔십도 바꿀 수 있다고 한다. 밖을 향해 서로 등을 돌려 앉은 원을 반 바퀴만 돌아앉아보자. 서로의 눈을 바라보며 옛날의 정다운 얼굴로 어른의 얘기에 귀 기울여보자. 설마 제일강정이 군 기지촌이 되는 걸 바라는 사람이 있을까? 우리 모두의 제일강정이

다시 돌아오기를 간절히 기원해보자. 간절히 바라면 온 우주가 도와준다고 하지 않는가? 우리가 모두 아흔하나의 나이가 되는 것은 아니다. 하지만 먼 훗날 마을회관에 모여 '해군기지결사반대·평화강정 사랑해요'의 추억을 되살리며 후손들에게 옛이야기를 들려주자. 우리가 평화강정을 만들었노라고.

평화강정 대장정

아토피꽃이 피었습니다
2012년
팔월의 태양은 찬란하고
아스팔트는 끓었습니다
앞서 걷는 청년의 저 다리에 핀
붉은 꽃이 떨어져 그 자리에
혁명의 고운 새살 돋아나기를

흰방울꽃이 피었습니다
발등에 발바닥에
발가락마다에
꼭꼭 숨어 있다 하마터면
피지도 못할 속울음들
앞서서 나가며 절로 기수가 되어
톡 하고 피눈물로 피며 갑니다

밥데기꽃이 피었습니다
도대체 얼마나 큰 솥이 마법을 부릴까요
사람보다 먼저 와 있는 주먹밥
플라스틱 면기에 곤밥
곤밥 위에 콩나물 콩나물 위에 무말랭이
그 위에 돼지괴기 무청국
평등의 땅에 평화의 사람들 줄 섰습니다

황근꽃이 노랗게 피었습니다
꽃말이 보물주머니라지요
함께한 모든 이가 보물
낯설지만 낯익은
그대이지만 나인
나지만 우리인
자유강정 깨강정 왓샤왓샤 휘모리
깃발 들고 닐니리 평화강정 대장정

* 시작노트

걷는 동안 여기저기 세경배렸습니다. 바닷가에 노랗게 황근꽃이 피어 있었습니다. 꽃말이 '보물주머니'라고 합니다. 걷는 동안 함께하는 이가 노란 티셔츠, 노란 깃발, 모두가 꽃처럼, 보석처럼 보였습니다.

최연미
자유기고가. 서귀포에서 작은 도서관 '돌을양지' 운영. 1991년 제주도개발특별법을 반대하며 산화해간 고 양용찬 열사 평전 집필.

발문 ▷▷▷

4·3이 평화라면 강정은 희망입니다

이 세상에 진실이 존재하지 않는다면
어떻게 희망을 가질 수 있겠는가?
— 미셀 깽, 『처절한 정원』 중에서

1.

덩두렷한 달이 솔숲 위로 떠오릅니다. 그 사이로 바람이 불어옵니다. 달의 숨소리 같습니다. 그 기운을 받아서인지 사위가 고요합니다. 헤아려보니 모레가 추석입니다. 더도 말고 덜도 말고 한가위만 같아라, 하는 그 한가위입니다. 민족의 대이동이라고도 하지요. 고향을 떠나 먹고살기 위해 생의 외줄을 타다가 잠시 내려놓고 어머니의 품을 찾는 발걸음이지요. 세 번의 태풍 영향인지 아니면 살아가는 것 자체가 강퍅해서인지 추석을 맞이하는 마음이 그리 가볍지만은 않은 듯합니다.

윤모 형,

참 오랜만에 불러봅니다. 제가 소원했던 것이지요. 형에 대해서도 그렇고 강정에 대해서도 그렇습니다. 돌이켜보니 전국 민예총 행사로 강정을 찾아 어울렸던 게 마지막 걸음이 아니었나 싶습니다. 굳이 핑계를 대자면 그사이 집안에 우환이 있어서 두어 달 동안 경황이 없기도 했지만 마음만은 어디 가겠습니까?

강정 일이라면 발 벗고 나서는 김경훈 시인으로부터 강정마을 사람들 이야기를 책으로 기획하고 있다는 이야기를 듣고 너무 고맙고 반가웠습니다. 글을 써야 한다는 부담이 없진 않았지만 나에게도 할 일이 있다는 게 고마웠습니다.

원고를 펼칩니다. 지금 강정에 살고 계시는 열네 분을 직접 찾아가 인터뷰한 기록들입니다. 인터뷰에 익숙하지 않았을 텐데, 인터뷰 내용을 정리하고 글을 쓰는 일이 녹록지 않았을 텐데 한 사람도 빠짐없이 원고가 제 손에 넘어온 걸 보면 강정이 세기는 센 모양입니다. 글자 그대로 '일강정'입니다. 늘 주왁주왁하고 늘짝늘짝한, 이신 듯 어신 듯하는 김경훈 시인도 강정 앞에서는 정신이 바짝 드는가봅니다.

이 책에는 4·3의 광풍이 휘몰아치던 시절의 강정과 해군기지 갈등이 첨예하게 드러나고 있는 지금의 강정이 날줄과 씨줄로 교차되고 있습니다. 아니 60여 년 전의 강정과 지금의 강정이 겹쳐지면서 때로는 60여 년 전의 모습으로, 때로는 지금의 모습으로 되살아납니다.

그 중심에 사람이 있습니다. 강정을 살았고 오늘의 강정을 살고 있는 강정 사람들이 있습니다. 그저 선하고 착하기만 한 강정 사람들에게 느닷없이 들이닥친 역사의 상흔을 고스란히 드러내는가 하면, 지금의 광풍인 해군기지 건설과 관련하여 어떻게 생각하고 대응하고 있는지 꾸밈없이 드러내고 있습니다.

때로는 구럼비를 어루만지는 잔물결처럼, 때로는 범섬을 삼킬 듯한 분노로, 때로는 숨비소리로, 때로는 두려움과 공포, 한숨과 눈물로 그 모습을 드러내 보입니다. 5년여에 걸친 지난한 투쟁으로 삶은 이미 만신창이가 되었을망정 시쳇말로 그들은 쩨쩨하지 않습니다. 쪼잔하지 않습니다. 오히려 평화이고 그래서 희망입니다.

2.
윤모 형,
강정마을의 큰 어른이신 윤경노 할아버지께서 직접 작성하신 글 속에 어르신의 진심 어린 마음이 그대로 녹아 있는 듯합니다.

나 윤경노는 일제 치하의 고난도, 4·3의 아픔도, 6·25동란도 다 겪으며 살았습니다. 이제 우리 제일강정이 해군기지 찬반으로 마을 주민 모두가 천신만고를 겪고 있습니다. 해답은 토론에 있습니다. 어렵더라도 찬반 주민이 머리를 맞대고 몇 번이고 토론하면서 얽히고설킨 실타래를 풀어 우리의 제일강정이 되돌아오기를 기원합니다.(219쪽)

절절함이 짙게 묻어나는 간절한 소망이자 준엄한 꾸지람입니다. 4·3의 광풍을 견디면서, 수많은 주검을 목도하면서 일궈낸 제일강정이 해군기지라는 천신만고 앞에서 마을의 큰 어른께서는 토론을 제안합니다. 진정 강정을 사랑하는 마음으로 원점에서 다시 머리를 맞대자고 합니다. 강정마을 주민뿐만 아니라 제주도와 정부에 대해서도 국책사업이라는 미명으로 무조건 밀어붙이는 것이 능사가 아니라 강정 주민의 진실을 귀담아듣고 서로 머리를 맞대자 합니다.

"노인 한 사람이 죽는 것은 서재 하나가 불타는 것과 같다."는 아프리카의 작가 함파테 바의 충고를 명심해야 합니다. 살아 있는 서재가 가슴으로 들려주는 절절함을 더 이상 외면해서는 안 되지 않겠습니까?

강동균 마을회장의 어머님이신 고병현 할머니도 만나봅니다. 5년여 동안 한결같이 선봉에서 지치는 기색 없이 싸우는 아들에 대해 어떻게 생각하느냐 물었더니, 이런 대답이 돌아옵니다.

아이고, 지치지 않어 지치지 않어. 멍청허니까 그래요. 멍청허지 않으면 그렇게 하겠습니까. 처음에 내게 와서 어머니, 마을회장을 하래는데 어쩔까요 묻는데 내가 심하게 말렸어요. 절대 그건 안 된다. 회장 하려면 니 아들 둘 허고 마누레허고 나허고 묶엉 바당에 던지고 하라고 했주.(46쪽)

제주 할머니들의 투박한 말투 속에 아들에 대한 믿음이 짙게 배어 있습니다. 구럼비 같은 너그러운 사랑입니다. 그러나 한편으로 얼마나 마음고생이 많으시겠습니까? 4·3을 몸소 체험한 어머니는 나랏일에 맞서 이른바 장두狀頭로 나선다는 것이 어떤 결과를 초래할지를 너무나 잘 알고 계실 터. 하루에도 수십 번씩 마른 가슴을 쓸어내리고 계시겠지요. 아마 가슴 깊은 곳에 불도장처럼 새겨져 있겠지요.

여기서 잠시 60여 년 전, 강정 마을에서 발생했던 4·3의 주요 사건을 정리해보지요.

■ 강정1리

1948년 11월 16일: 토벌대가 마을을 기습해 마을에 있던 주민 15명가량을 속칭 '당동산'으로 끌고 가 총살함. 이날 주민들은 중문지서 축성작업에 동원돼 부역하고 있었음.

1948년 11월 21일: 당동산 학살에 놀라 마을 인근에 숨었던 주민들이 토벌대가 '모두 모여라. 흑백을 가리겠다.'는 말에 향사로 집결함. 토벌대는 명단을 대조하며 32명을 향사 동남쪽 속칭 '서울밧'으로 끌고 가 학살함.

1950년 8월 6일: 일주도로변의 전신주를 순찰하던 주민 양종국(46), 윤시찬(40), 강정생(32)이 무장대에 잡혀가 학살됨.

윤모 형,

왜 죽이는지도, 왜 죽어야 하는지도 모르는 억울한 주검들입니다. 죄가 있다면 오직 살아 있다는 것이 죄가 되던 시절이었습니다. 어떠한 사상이나 이념이 끼어들 여지가 없는 주검들입니다. 모이라 하니까 모였고, 모이니까 죽였습니다. 무서워서 집에도 못 들어가고 들에서 숨어 지내다가 숨었다는 이유로 죽임을 당했습니다.

12살 어린 아이에서 70세 노인을 비롯한 수많은 주검을 딛고 강정 사람들은 자신들을 낳고 길러준 마을을 제주의 으뜸 마을로 일궈냅니다. '제일 강정, 제이 번내, 제삼 도원'이라는 말에서도 알 수 있듯이 강정은 물이 좋아 벼농사가 잘 되고 인심이 넘쳐나는 마을이 됩니다. 오죽했으면 '강정 아긴 곤밥 주면 울어도 조팝 주면 아니 운다.'는 말이 있었을까요. 이 아름다운 마을에 난데없이 해군기지가 들어온다고 합니다. 4·3을 살았던 어른들은 자연스럽게 그날의 공포가 되살아났겠지요.

16살의 어린 나이로 고향 강정마을에서 4·3을 몸소 겪으신 강성원 어르신은 해군기지 반대 투쟁 이후에 가족끼리 모여 집밥다운 밥을 먹어본 지가 언제인지 기억조차 나지 않는다며 펜스로 가려진 구럼비로 시선을 돌립니다.

지금 구럼비를 폭파시키는 발파음이 들릴 때마다 밤낮으로 바깥의 인기척에 숨소리를 죽이며 가슴을 졸이던 4·3 당시의 기억이 떠오릅니다. 매일같이 경찰과 몸싸움이 일어나고 욕설이 난무하고 이웃 간에 웃음이 사라져가는 모습을 보면서 그날의 어두웠던 아픔이 반복되는 것 같아 더 마음이 아픕니다.(35~36쪽)

강정마을 4·3유족회장을 맡고 있는 조용훈 어르신의 마음도 별반 다르지 않습니다.

요즘 해군기지 반대 문제로 얘기하다 보면 옛날의 4·3이 생각난다. 4·3

때에는 경찰병력이 이렇게 500명, 1000명씩 오지 않고 몇 명만 와도 무기나 총을 들고 왔기 때문에 인명 피해가 많았던 것 같다. 요즘은 경찰이 500명, 1000명이 오면서 무기는 들지 않지만, 사실 총만 안 들었지 공권을 앞세워 억압적으로 진압을 하니까 주민들이 상당한 고초를 겪고 있다. 사실 정신적 고통은 말로 다하지 못하겠다. 만약 이 상황이 4·3 때라면 다 잡아다가 총살을 시키지 않았겠느냐. 여러 가지로 상황이 비슷하다 보니 그런 생각이 드는데 장기간 받고 있는 고통이 그때보다 못할 것이라는 생각은 안 든다.(197쪽)

3.
해군기지의 내막에 대해서 깊이 알지는 못한다며 겸손해하시는 강부언 어르신께 유년 시절의 강정에 대해 물었지요. 눈을 지그시 감으시며 지나간 추억을 더듬으십니다. 어렝이, 코셍이, 멕진다리, 우럭, 보들레기, 덤부지 등이 평화롭게 구럼비 바다를 유영합니다. 어릴 적 추억이 깃든 그 구럼비 바위가 딱딱한 콘크리트로 덮이는 것을 상상만 해도 가슴에 통증을 느낀다는 강부언 어르신이 조심스럽게 입을 엽니다.

저는 칠십 평생을 이 동네에 살면서 없는 듯이 살아왔습니다. 해군기지 건설로 갈등이 생기기 전까지 저는 그렇게 살아온 사람입니다. (…) 그런 저가 업무방해라는 이유로 네 번이나 재판을 받았습니다. 이제 다섯 번째 재판을 앞두고 있습니다. 이번의 죄과는 폭력이라고 합니다. 이제는 사이렌 소리만 들려도 가슴이 뛰고 불안합니다. 병원에서 우울증이 걸렸다는 진단을 내렸습

니다. 그래서 지금 우울증 약을 복용하고 있습니다.(15~16쪽)

　어르신은 지금 다섯 번째 재판을 기다리고 있습니다. 앞으로 몇 사람이 더 끌려가야 하는 걸까요? 얼마나 많은 벌금을 더 내야 하는 걸까요? 작년까지 통계를 보니 강정 주민들이 해군기지 반대와 관련하여 낸 벌금만 5천만 원이 넘습니다. 어디 그뿐이겠습니까? 해군으로부터 공사를 수주한 삼성물산과 대림산업, 두산건설, 대우건설 등은 주민 14명을 상대로 2억8천9백만 원이라는 거액의 손해배상 청구를 냈지요.

　또 대한민국 해군은 주민 77명을 대상으로 공사방해금지 가처분신청을 냈고 업무방해 혐의로 주민 9명이 재판 중이고, 3명은 구속된 상태며 14명에게는 경찰이 출두를 요구하고 있다 합니다. 한마디로 '범죄 없는 마을'이 해군기지로 말미암아 '범죄만 사는 마을'로 탈바꿈되고 말았습니다. 지적 장애가 있어 아무것도 모르는 청년을 연행해가서 재판에 송치하는가 하면 바깥출입도 거의 하지 않는 92세 할머니까지 공사방해금지 가처분신청 대상에 올려놓았다니 그야말로 지나가던 소가 웃을 일이지요.

　해군기지 건설문제가 불거질 무렵 해군기지 건설반대 대책위원장을 지낸 양홍찬씨는 제주가 국방이라는 단순 개념의 군사기지로 사용되기보다는 종합적인 안보 개념으로 접근해야 한다고 충고합니다. 안보라는 게 단순히 군사력으로 지켜지는 게 아니기 때문이지요. 주변

국과의 외교, 경제, 문화 등 종합적인 생존 전략 차원에서 제주를 봐야 한다고 주장합니다. 그리고 입지적인 측면에서도 강정은 태풍의 진입로이기 때문에 기지로서 마땅한 입지 조건이 결코 아니라는 논리를 폅니다.

이건 무리한 추진이고 무리한 공사입니다. 국민의 혈세는 낭비되고 환경은 파괴되고 국방엔 도움이 안 되고, 해군도 속마음은 '이건 아니다' 하고 있을 겁니다. 단지 명령 체계에서 어쩔 수 없이 움직이는 것이겠지요. 아무리 사람의 기술이 좋다고 해도 자연의 힘을 무시하고 도전하는 데는 한계가 있습니다. 결과적으로 도지사가 말하는 '윈윈윈'이 아니라, 국가도 손해, 제주도도 손해, 강정도 손해일 뿐입니다.(131~132쪽)

윤모 형,
강정에는 2백 개가 넘는 각종 친목 모임이 있었다지요. 초등학교, 중학교 동창회는 기본이고, 같은 나이끼리 갑장회, 같은 작목을 하는 사람끼리 작목반, 낚시를 좋아하면 낚시회 등등 서로 도움을 받고 도움을 주면서 오순도순 잘 살아왔지요. 해군기지가 들어서기 전까지는 말입니다. 그런데 지금은 남아 있는 친목 모임이 없다 합니다. 해군기지가 마을 공동체를 여지없이 앗아간 게지요.
구럼비 바닷가에서 〈내 어미는 해녀였다〉라는 자작시를 낭송해 그 자리에 참석한 기성 시인들을 한방에 날려버린 고영진씨가 떠오릅니다.

86세를 일기로 세상을 떠난 어머님께 바치는 사모곡으로 우리를 울렸지요. 어머니의 체온이 그대로 아로새겨진 구럼비 바위가 무참하게 짓밟히는 걸 지켜보는 아들의 심사를 어찌 헤아릴 수 있을까요. 그는 구럼비만 잃은 게 아니라 사랑하는 벗들도 잃고 말았지요.

죽마고우 6명이 모여 만든 친목회가 있었어요. 20년 가까이 회비도 착실히 모았고……. 그런데 그 작은 모임 안에서도 찬반양론으로 의견이 엇갈렸어요. 그래서 서로가 더 험한 꼴 보기 전에 부부동반으로 마지막 여행을 다녀왔어요. 남은 돈은 골고루 나누고 친목회를 깨버렸지요. (64쪽)

4.
윤모 형,
강정에 가면 어렵지 않게 들을 수 있는 말이 있습니다. "질긴 놈이 이긴다."는 말입니다.

원래부터 질긴 게 아니라 옳기 때문에 질긴 것이지요. 진실되기 때문에 버티고 있는 것이지요. 바로 여기에 희망이 있습니다. 강정의 희망입니다. 강정마을이 옳다는 걸 세상이 알기 때문에 강정은 희망입니다. 많은 사람들이 강정을 찾았고 강정에 뿌리를 내렸습니다. 스님도 목사님도 신부님도 수녀님도 오로지 진실 하나로 강정과 함께하고 있습니다.

오늘도 해군기지 펜스 앞에서 온몸에 파스 냄새를 물씬 풍기면서 "강정에 평화, 구럼비야 사랑해!"를 외치며 1인 시위를 하는 신부님이 계십니다. '레미콘 신부님'이십니다. 강정은 강도를 만난 마을이라고 말하는 사람, 어느 날 국가로부터 자신들의 삶을 도둑질당한 마을이라고 말하는 사람, 강도를 만난 사람들에게 착한 사마리아인이 되고 싶다고 고백하는 사람, 이영찬 신부님입니다.

강정마을을 꼭 지켜내야 한다고 생각합니다. 생활에 다소 불편함은 있었지만 정부와 해군의 불법적인 탄압을 받아온 주민들의 고통에 비하면 나의 불편은 아무것도 아니었죠. 내가 여기 와서 무엇을 할 것인지 생각해본 적은 없습니다. 외롭고 힘든 싸움을 하고 있는 이곳 강정 주민들과 함께하는 마음이 있을 뿐입니다.(153~154쪽)

강정과 함께하는 사람이 어디 신부님뿐이겠습니까? 강정으로 아예 주소를 옮기시고 강우일 주교님이 선물한 스쿠터를 몰고 다니시는 문정현 신부님을 뵈러 인사차 강정을 찾았다가 1년이 넘도록 강정에 머무르면서 희망의 들꽃이 된 사람이 있습니다. 지금은 들어갈 수 없는, 구럼비가 품고 있던 꽃들을 생각하니 문득 꽃 이야기를 하고 싶어 꽃으로 평화와 희망을 그리는 들꽃입니다. 공사장 진입을 막았다는 이유로 3백만 원 벌금형을 받았다지요.

결국 우린 질질 끌어내어져 연행되고 건설회사 측은 겨우 5분 정도 공사 진행에 방해받은 피해를 이렇게 되갚더라고요. 이거 말고도 몇 건 더 있는데 얼마나 많은 벌금이 나올지 모르겠어요. 저만 이런 게 아니라 마을 분들과 활동가들 중 많은 사람들에게 이런 벌금이 부과되고 있어요. 그런다고 그게 무서워 우리가 그만두지는 않을 건데……. 세상에는 정의가 있고 누군가는 그 가치를 인정해줄 그런 날이 오지 않을까요?(113쪽)

윤모 형,
　이제 강정은 제주의 강정이 아니라 세계 속의 강정입니다. 전세계의 양심과 지성들이 강정의 일거수일투족을 예의주시하고 있습니다. 그야말로 강정은 평화의 아이콘이고 희망의 메신저입니다. 정영희 할머니는 히로시마 국제평화대행진에 참석하고 돌아왔지요. 강정만 아픔이 있는 줄 알았는데 아니더라고, 87세 할머니가 캐나다에서 10시간 비행기 타고 오고, 91세 할머니도 오셨다지요. 당신의 나이가 많다고 생각했던 게 확 부끄러웠다고 말하는 정영희 할머니, 그날 행사에서 할머니는 세계를 향해 이렇게 외칩니다.

　저는 대한민국 제주도 서귀포에 있는 조그만 마을 강정이라는 마을에서 왔습니다. 저의 이름은 정 영 희입니다. 저희 아름답고 작은 마을에 해군기지를 세우겠다고 합니다. 공청회 한 번 하지 않고 지금 공사를 진행하고 있습니다. 그래서 우리는 5년째 반대투쟁을 하는데 우리 말은 아무도 들어주질 않습니다. 저희는 힘이 없습니다. 농사밖에 모르는 저희들이 무얼 알겠습니까? 그러나 기지가 들어와서는 안 된다는 것은 알고 있습니다. 후손들에게 기지를 물려주어서는 안 된다는 것을 알고 있습니다. 아름다운 구럼비 바위가 파괴되고 있습니다. 도와주십시오. 저희에게 힘을 주십시오.(170쪽)

평화를 이야기하는 자리에서 아직은 세계인의 마음이 따뜻하다는 걸 알았다는 사람, 아픔을 보면 울어줄 사람이 있다는 걸 알았다는 사람, 그래서 용기가 생겼다는 사람, 종이학의 유래도 알게 되었다는 사람, 정영희 할머니입니다.

5.
윤모 형,
지금의 강정은 오늘을 살고 있는 우리들만의 강정이 아니라 앞으로 강정을 살아갈 후손들의 땅이요 바다요 하늘입니다. 우리가 해야 할 일은 그런 강정을 후손들에게 있는 그대로 물려주는 일입니다. 강정을 지켜내면서 우리가 쟁취한 그 평화를 그 희망을 물려주어야 합니다.
오랫동안 다니던 직장에서 명퇴하고 2009년 강정으로 귀향하여 농사꾼으로 살아가면서 '강정 이야기'라는 제호의 소식지를 발간하고 있는 김봉규 씨의 이야기에서 우리는 이미 희망이 싹트고 있음을 봅니다.

이 싸움은 과거보다 미래를 위한 싸움입니다. 나보다 내 아들, 내 손자를 위한 겁니다. 그러므로 포기도 있을 수 없고 후회도 없습니다. 길게 갈 거라고 봅니다. 조급해하지 말고 계속 싸우다 보면 되지 않겠습니까? 그래서 초등학교 5학년 아들을 앉혀놓고 고향과 자연보전의 중요성을 이야기하면서, 해군기지는 절대 안 된다고 교육하고 있는 거 아닙니까?(100~101쪽)

여기에 강정의 힘이 있습니다. 한 편의 노래이고 춤이고 축제인 강정이 왜 희망일 수밖에 없는지 강정에 오면 알게 됩니다. 그렇기 때문에 멧부리에 부딪치는 파도를 닮았고, 구럼비에 샘솟는 물줄기를 닮은 강정민속보존회 이영자 어머니가 다시 보존회를 일으켜 세워 상쇠를 잡아 40여 명의 풍물꾼을 거느리고 외자기는 소리가 사무쳐옵니다.

> 이 바당 저 바당 구럼비도 우리 바당
> 이 바당 저 바당 새별코지도 우리 바당
> 아름다운 우리 바당 해군기지가 웬 말이냐
> 갠~지 개갠지 개갠지개갱~
> 개갠지 개갠지 개갠지개갱~
> (135쪽)

쇳소리 가죽소리로 천지신명을 달굴 그날이 멀지 않았다는 게지요. 그날이 오면 상처 입은 구럼비도 몸을 추스르고 더덩실 일어나 오방에서 기웃거리는 잡귀잡신을 물리치는 한판 춤을 추겠지요.

어라, 저기 강정마을 사거리 유명한 다라이 생선 좌판 김미량 씨가 '우리가 가는 길이 평화다'라는 구호가 새겨진 헐렁한 티셔츠를 걸치고 낭창낭창한 목소리로 멋들어지게 한 곡조 뽑아대면서 오고 있습니다. 그래서 강정은 희망이 아닐 수 없습니다.

> 맑은 강정천이 흐르고
> 아끈천도 따라 흐르는

아름다운 이 강정으로
우리 손잡고 가요

범섬이 노래하고
썩은섬도 따라 부르는
파도가 춤추는 곳
강정마을로 가요
(83쪽)

6.
윤모 형,

이제 마무리를 해야 할 것 같습니다. 커튼을 열고 창밖을 보니 그 사이 달이 한층 더 사람들이 살고 있는 낮은 지붕 위로 다가온 듯합니다. 불현듯 달을 실은 고깃배가 강정 바다 범섬을 지나는 한 폭의 그림이 떠오르는 밤입니다. 이 밤이 지나면 추석이고 그다음 날 강정으로 가렵니다. '화합의 한마당 한가위 강정마을 큰잔치'가 벌어지는데 제가 해야 할 조그마한 일이 있기도 하지만, 우선은 가서 형의 안부를 묻고 싶습니다. 중덕 삼거리식당에 앉아 못다 한 이야기를 나누면서 달빛에 흠뻑 취해보고 싶습니다.

날씨가 쌀쌀합니다. 옷깃 잘 여미시길 바랍니다.

김수열
1959년생. 1982년 《실천문학》으로 등단했다. 시집으로 《어디에 선들 어떠랴》, 《바람의 목례》, 산문집으로 《섯마파람 부는 날이면》 등이 있다. 2011년 제4회 오장환문학상을 수상했다.